走进
著名大学

深圳中学
学子成长足迹（2022）

组　编　深圳中学

中国人民大学出版社
·北京·

致谢

感谢可爱的学生们，让我们以青春为伴，与理想同行。

感谢全体深中人，我们勠力同心，砥砺前行，共筑教育梦。

感谢所有关心和支持深中发展的领导、家长、校友、教育同人以及社会各界人士，让我们充满了价值感和使命感。

办学定位	建设中国特色世界一流高中
培养目标	培养具有中华底蕴与国际视野的拔尖创新人才
深中精神	追求卓越　敢为人先

校　　训	团结　进取　求实　创新
校　　风	主动发展　共同成长　不断超越
教　　风	敬业爱生　言传身教
学　　风	尊师守纪　勤学多思

编委会名单

序言

深圳中学作为深圳市基础教育的领头羊学校、全国课程改革样板校，“建设中国特色世界一流高中，培养具有中华底蕴与国际视野的拔尖创新人才”是其主动选择和承担的教育使命，“为学生搭建多元发展立交桥，让每个孩子都有出彩机会”是其不变的育人初心与不懈追求。

“丹心似火育得桃李满天下，美德如玉教得学子尽乾坤。”自1947年建校以来，深圳中学累计为国家培养了四万余名初、高中毕业生，为特区乃至全国的建设和发展做出了卓越贡献。党的十八大之后，习近平总书记第一站到深圳视察，考察了三家实体单位——腾讯公司、光启研究院和深圳渔民村，它们的掌门人（或创办人）马化腾、陈一丹、刘若鹏、吴惠权等均为深中校友。

莘莘学子梦，浓浓深中情。深中人对母校总有着一份特殊的情结，一种至真至纯的依恋。有人说这是一个“可以看到更大世界的地方”；有人说这是一个“没有权威，但要尊重师长的地方”；有人说这“可能是你待过的同伴质量最高的地方”。在这本书中，这些已经毕业的深中学子大多谈到了他们当初选择深中的理由，谈到了他们心目中母校的样子，以及他们在深中三年发生的种种变化……他们无一例外地都为“深中人”这个身份感到万分自豪。

十年寒窗苦，一朝天下闻。在2021—2022学年中，深中学子在海外录取、国内高考、国内外各类竞赛方面，凯歌高奏、再创辉煌。他们中的很多人都实现了“从深圳中学走向国内外名校”的梦想。这些骄人成绩的背后一定有着学子们独特的学习态度和生活哲学。例如，被录取至北京大学的丁奕航同学说：“以我浅薄的认知，我认为高三最重要的是务实。即不跟别人作比较、不盲目追求排名、不在乎要超过谁，而是全方位地磨炼自己，让自己知识熟练、身体健康、心态平稳，更符合大型考试的要求。”凤凰木下，有学子在学习中发现求知的乐趣，有学子在自我探索中找到青春的答案。现就读于北京大学的艾心玥同学真诚分享道："感谢在深中的这六年，让我有了一个可以发现自我、挑战自我的平台。正是因为它美好又理想的氛围，我在其中学会了怎么歌唱自我，怎么与挫折共舞。我也由一只初观世界的雏鸟，逐渐丰满羽翼，去寻觅更远处的风景。这一场跌宕绚烂的梦，撑起了一片青春的天空。"体验竞赛是一种选择，埋头学习也是一种选择，但深中的内涵不止于此，它更为丰富。总有毕业的学生说："深中的生活太精彩，以至于怎么过都是浪费。"很多学子对校园生活的丰富多彩深有感触。就读于清华大学的冯炜棋说："青春如朝日，能在最宝贵的青春年华与深中相伴，让成长枝头绽放梦想之花，何其有幸。如今，走在清华园里，回看母校深中更是分外亲切，'荣耀深中人'永远是我骄傲的名片。'享受学习，锻炼本领，热爱生活，实现自我。胸怀大局，熊熊如炬，照亮时代，温暖家国。'就像朱华伟校长期望的那样，未来我将努力把个人梦想汇入时代洪流，让蓬勃青春与家国情怀共振，让带着深中印记的人生色彩更加绚烂。"

这本书中收录的故事还有很多，它们都来自深圳中学2022届的优秀毕业生。他们用自己的故事为三年的青春生活作注脚，将那些欢笑流泪、拼搏奋斗的日子在深中定格。

读罢此书，掩卷而叹：这是一群个性鲜明的深中人，这是一群追求自我的逐梦者。他们让我们得到一个共识："优秀"没有标准答案，"卓越"没有固定模板，每个人都有自己的无限可能；他们让我们看到："从晒布到世界，深中人的脚步从未停止！"

一本图书，几段故事；一段故事，几多回忆。一个个鲜活、生动的成长故事，不仅让大众从微观的层面上更加深刻地理解深圳中学拔尖创新人才培养的理念是如何实践的，更是向社会展示了拥有七十余年历史积淀的深圳中学的独特校园文化和精神品格。我们衷心希望，这些宝贵的经验能够成为更多学子成长之路上的指路明灯，为更多学生的发展起到一定的引导和启示作用，也期待未来有更多的人能够续写辉煌！

朱华伟

2023年6月于深圳中学新校区斯善楼

前言

成书缘起

2017年4月，深中学生在海外大学录取方面成绩斐然，多位学生被哈佛大学、芝加哥大学、耶鲁大学、哥伦比亚大学、斯坦福大学等名校录取，深中学生在常春藤盟校、美国排名前10、美国排名前20、美国排名前30以及世界各地的顶尖名校如牛津大学、剑桥大学等各个维度的录取率都有历史性突破。

面对如此辉煌的成绩，我们萌发了采访一些优秀学生的想法，希望这些优秀学生的成长经历能够给予更多学生以启发。通过班主任的推荐，我们联系了部分学生进行深度采访，并将文章在深圳中学的官方微信公众号（微信号：szzxgfwx）上进行了推送，这些文章推出后受到了很高的关注，很多家长、学生反映收获很大，同时，也有更多的学生表示非常愿意分享自己的成长经历。

后来朱华伟校长建议，扩大采访学生的范围，征集更多学生的案例，结集出版，并为本书命名《走进著名大学：深圳中学学子成长足迹（2017）》，为深中建校70周年献礼，同时提出学校以后每年都会出版一本，作为毕业学生的纪念，传承深中文化。

此后，我们面向2017届所有的毕业生发出了征稿通知，朱华伟校长也亲自给高三高考方向的同学做动员，最终我们采访的学生范围不断扩大，既有出国方向的学生，也有高考方向的学生；既有全面发展的学生，也有在某个方面有突出表现的学生。我们希望这些丰富的成长经历展现出孩子们多元发展的可能，每个人都有自己的优势，每个人都可以找到适合自己的发展路径。

2017年11月，《走进著名大学：深圳中学学子成长足迹（2017）》正式出版，该书一经上市，就受到了学生、家长、教育工作者的关注，为此，我们将此作为一个系列，持续探寻深中学子的成长路径。

以下为2022年征稿邀请的部分文字：

只要你是2022届深中毕业生
只要你愿意分享三年高中生涯的故事
只要你愿意讲述深中的小美好
只要你愿意
我们就愿意将你的故事汇成书

《走进著名大学：深圳中学学子成长足迹（2022）》最终收录了46位2022届高三优秀毕业生的文章，这些文章真实再现了他们在深圳中学的学习与生活，内容涉及学习经验、社团活动、师生情谊、校园文化、学校选择、家庭教育、自我探索、未来规划等。

篇章结构

根据学生文中所叙述的核心议题，我们将本书分为4个篇章，每个篇章都集中呈现了学生们的亲身经历与感悟，在这些生动翔实、娓娓道来的故事中，我们也会感同身受，在其中照见了过去、现在或未来的自己。

第一章：学习经验篇——他山之石，可以攻玉

孔子曰："学而不思则罔，思而不学则殆。"学习固然需要脚踏实地、勤奋努力，但是仅止于此只会事倍而功半，还需要讲究学习方法、技巧、兴趣、良好的心态。对于高中阶段的学生来说，学习的深度和广度都有所加深，同时他们面临着高考、海外大学申请的压力，如何高效学习、深度学习，怎样拥有良好的心态，是很多学生会遇到的困惑。这些文章涉及高考备考、海外大学申请、学科竞赛、心态调整、学习规划等方面的内容，文章中介绍的经验，有的会让你发现原来最朴素的道理在行动中会爆发强大的能量，有的经验又会给你带来耳目一新之感。他人的经验，当真正内化于自己时，也许会带来事半功倍的效果。

第二章：校园生活篇——筑梦晒布岭，守望凤凰木

很多同学在各种场合都提道："深中的生活太精彩，以至于怎么过都是浪费。"难忘的晒布岭，难忘的凤凰木，难忘的军训，难忘的社团，难忘的考试，难忘的社会实践，难忘的心智训练，难忘的"校长杯"，难忘的游园会，难忘的十大歌手比赛，难忘的国内外学术活动……同学们在文中用饱含深情的文字、细腻而朴实的故事为三年的青春生活作注脚，将那些欢笑流泪、拼搏奋斗的日子在深中定格。

第三章：自我探索篇——行是知之始，知是行之成

古希腊奥林匹斯山上的德尔斐神殿里有一块石碑，上面写着"认识你自己"。苏格拉底将其作为自己哲学原则的宣言。经典的人生问题：我是谁？我在哪里？我要到哪里去？我该怎么到那里去？这些问题的思考对于青少年未来的人生规划有着非常重要的作用。但是认识自己并非易事，也许我们每天埋头苦干，陷入一堆琐事中，却从未真正审视过自己内心的需要，审视过自己的经历有着怎样的关联，只因"身在此山中，云深不知处"。在本章中，同学们为我们呈现了他们探索自我的经历和感悟，他们有的在学科竞赛中找到了心中的朝圣之路，有的在抉择和改变中感悟道："私以为广为流传的深中精神的内核不在于自由主义，不在于精英主义，而在于理想主义，在于'追求卓越，敢为人先'。我们不必都成为伟人，但我们需要理想照亮现实。"有的在不断尝试中发现了对绘画的坚持……教育的本质就是帮助学生发现潜能，发挥潜能，成为最好的自己。

第四章：师生情谊篇——落其实者思其树，饮其流者怀其源

凤凰花开时节，深中学子们又要怀揣梦想奔赴世界各地。离别之际，他们会留恋这里的一草一木，留恋这里的每一次活动、每一个社团，然而最难忘的还是这里的人。这里有最优秀的老师，这里有质量最高的同伴，在成长的路上给予他们指引、鼓励、陪伴。在这里，凤凰木下的追梦少年写下了"晒布怀想"，写下了"青春物语"，写下了烦恼与幸运。

学术价值

深圳中学作为以深圳这座城市命名的中学，一直坚持追求卓越、敢为人先的精神，紧紧追随国家尤其是深圳的前进步伐，在课程改革、拔尖创新人才培养、国际教育、艺术教育、科技教育、校园文化建设、服务社会等方面做了大量的探索实践，成为深圳教育的窗口和文化名片。

学校提出“建设中国特色世界一流高中”的办学目标，积极探索拔尖创新人才的培养模式。经过深中人的不懈努力，学校各项事业蓬勃发展，稳步迈上新台阶。学校在课程建设、德育工作、学科竞赛、升学录取、艺体发展等方面表现卓著、亮点纷呈，在党建工作、教师队伍建设、校园建设、后勤保障、开放合作等方面成绩显著，可圈可点。

成绩的背后，很多人不禁要问：在办学目标的指引下，深圳中学究竟是如何探索与实践的，有没有可供借鉴的举措和经验？深圳中学的学生如此优秀，他们究竟是如何规划和学习的，家庭教育方面有什么特别之处？深圳中学的学生特质如此鲜明，他们是在怎样的校园文化的熏陶下成长起来的？……

面对诸如此类的问题，也许在本书中能够找到答案。本书收录了来自深圳中学2022届46位优秀毕业生的成长故事，在一个个鲜活、生动的成长故事中，我们能够从微观视角更加深刻地理解深圳中学拔尖创新人才培养的理念是如何实践的，也能更真切地感受到深圳中学七十余年历史积淀、校园文化和精神品格。我们衷心希望，这些宝贵的经验能够为更多的学子带来启发和借鉴，希望有更多的人能够续写辉煌，更上一层楼。

主要特色

本书每一篇文章都由学生个人介绍、教师评语、学生个人自述三部分构成，结构统一规范，图文并茂，可读性强。

学生个人介绍部分让我们看到的是学生眼中的自己，教师评语则是从他人的角度做出评价，学生个人自述部分是学生书写的自己的经历。文章的写作风格是“以我手写我心”，感情真挚，故事具体生动，对于家长和学生群体来说，更容易阅读和认同；对于教育管理者和教育研究者来说，是分析和研究的第一手资料。

目 录

第一章　学习经验篇

第二章　校园生活篇

第三章　自我探索篇

第四章 师生情谊篇

第一章

学习经验篇

——他山之石，可以攻玉

孔子曰："学而不思则罔，思而不学则殆。"学习固然需要脚踏实地、勤奋努力，但是仅止于此只会事倍而功半，还需要讲究学习方法、技巧、兴趣、良好的心态。对于高中阶段的学生来说，学习的深度和广度都有所加深，同时他们面临着高考、海外大学申请的压力，如何高效学习、深度学习，怎样拥有良好的心态，是很多学生会遇到的困惑。2022届优秀毕业生为学弟学妹分享自己在学习中的心得与感悟，他们的文章涉及高考备考、海外大学申请、学科竞赛、心态调整、学习规划等方面的内容。文章中介绍的经验，有的会让你发现原来最朴素的道理在行动中会爆发强大的能量，有的经验又会给你带来耳目一新之感。他人的经验，当真正内化于自己时，也许会带来事半功倍的效果。

深中学子 | 刘济菘

冷清为风火，天道必酬勤

2022届高三（2）班毕业生，被清华大学未央书院录取。

教师评语

刘济菘同学从初一到高三，有五年时间在我任教的班上，他是一位稳重有礼的学生，同学关系非常融洽。他重视实践活动，在班级长期担任劳动委员，做事勤勤恳恳，亲力亲为，从不让老师操心。学习上能吃苦，信奉“天道酬勤”。作为一名物理竞赛生，他取得了省一等奖的好成绩，退竞之后，顶住重重压力，全身心投入高考复习，在年级各次大考中均取得优异成绩，最终如愿以偿进入清华大学。

——班主任　曾劲松老师

“考试结束，请考生停止答卷。请考生将试卷和答题卡反扣放在桌面上，双手垂下，坐在原位……”高考生物考试的结束，也标志着我高中生涯的结束。没有想象中如释重负的狂喜，也没有毕业季不愿面对分离的悲伤——那是一种无法言说的心如止水般的平静。回到食堂取走背包，回到宿舍收拾好行李，走过图书馆，走过小卖部，走过“钥匙妹”……直到走出学校，回望无数人进出经过的深中大门，我才突然意识到，六年的深中生活，正式画上了句号。

我的六年中学时光都是在深中度过的：初中进入竞赛班学习，如愿考上深中高中部，高一高二的两次物理竞赛都获得省级一等奖，高二10月物竞结束后退出竞赛班转入高考方向，高三进入“物理+化学+生物”的A班，高考分数678，省排名165，幸运通过强基计划考入清华大学未央书院。简言之，我曾是一名竞赛生，后来是一名高考生。不同的“名号”带给我不同的经历与收获，但它们共同帮助我进入了全国考生梦想中的顶级学府，我认为这些经验缺一不可。

学校向毕业生征稿，我有太多太多的话想对学弟学妹们说。但思来想去，一来受篇幅限制，二来我也没有足够的“资格”，所以我只谈谈我六年深中时光最重要的一点体会——“冷清为风火，天道必酬勤”。

什么叫冷清为风火？学习的最好状态，应是“冷冷清清地风风火火”。天道为何一定酬勤？我不知道，但好像勤奋的学生冥冥之中都有天助。下面，我将从退竞生、高考生两种身份的角度简单回顾我的高中生活，供同学们在闲暇时当作“小故事”来读，若能对各位有所帮助，那也算有了比《故事会》多一点的价值。

我曾是一名物理竞赛生……

我在物理竞赛中收获了两次省级一等奖。成绩看似还说得过去，却也是我高中生涯的一大遗憾。初涉物理竞赛是在升初三前的暑假，在那时我就接触了物竞中常用的数学工具（比如微分、定积分等），可以说是赢在了起跑线上；随后的竞赛选拔我成功入选物理竞赛小组，在初三下学期就开始接受系统的竞赛培训，并在高一开学的物竞考试中获得省级一等奖——简直是

“梦幻般的开局”。但顺风太久就容易陷入逆风，这个道理在游戏中适用，在学习中也同样适用。

高一进入竞赛班后，基于竞赛班特殊的高考课程修读政策，我拥有了比其他同学更为自主的学习时间，但我一开始并没有很好地利用这些自主时间，导致最后退竞转高考，竞赛之路也画上了句号。

虽然成绩一般，但竞赛仍然让我收获了很多。首先是两次省一的荣誉，它虽然不足以让我获得强基破格入围这样的“硬”优惠，但在大学招生的面试中却是非常重要的加分项。其次，竞赛学习的深度远高于高考，所以参加某门学科竞赛的同学在这门学科的高考学习中会有一定优势。以物理为例：没有竞赛背景的同学判断安培力、洛伦兹力、感应电流等电磁物理量的方向往往要借助左手或右手定则，在考场上一紧张就可能左右手用错，但物理竞赛生只需要根据安培力、洛伦兹力的原始定义式，用向量叉乘的规则就可以判断方向，整个过程只用到右手螺旋，高效且保险。因此，尽早学习一些竞赛知识是非常划算的。高中低年级的学弟学妹们如果学有余力或在某些科目上有天赋，直接加入竞赛也是很好的选择，哪怕结果不尽如人意，也有足够的试错空间和退竞转高考的时间。

虽然尽早学习一门学科竞赛很划得来，但包括我在内的大多数竞赛生最后都会面临同一个困境——我们别无选择，只有退竞转战高考。关于退竞，当时我是如何考虑的呢？首先看成绩：高二拿到省一末位，想在下年进入省队冲击金银牌，这个目标现实吗？以我的学习情况看，不太现实。其次回望我一年来的学习情况，综合来看，我不再适合继续学习竞赛。在与教练、老师、家长商讨后，决定退出竞赛班，回到高考的学习节奏中。现在再看当时做出的判断，我认为这个判断方法和结论是正确的。

如今反思，我想我竞赛之路的失败可以作为“冷清为风火，天道必酬勤”的反面例证。首先我没有做到“勤”，所以“天道不助我”才是“天道”。其次在学习过程中，我既没有“冷冷清清”去潜心钻研，稳扎稳打，也没有做到“风风火火”地保持高涨的学习热情不断前进。这两点都是竞赛生的大忌。因此，我的失败不是偶然，而是必然。我希望在今后的学习生活中能够不再出现这种情况，也衷心期望各位学弟学妹不要犯相同的错误。

后来，我成为一名高考生……

我在高二开学时就选择了退竞，这给我留出了足够的时间进行调整和补习。回顾高二高三两年的高考学习，我有太多太多的学习方法和学习经验想分享给学弟学妹们，但篇幅所限，我想聊一些比学习方法更重要的，那就是心态和心态的调整方法。

首先是心态，我一直以来坚信的就是标题中的四个字：天道酬勤。坚定不移地往前走，成绩是不会辜负你的。举一个例子大家就明白了：高考英语听说考试前夕，学校开放了图书馆和食堂供我们练习听说，我抱着设备寻找安静的角落，虽然也想考前放松一下，但还是选择坚持到了最后——直到睡前还在练 Part C。那个晚上我睡得非常踏实，因为我知道我努力了，而且是努力到了最后一刻，不论最后得到怎样的分数，我都问心无愧。我想这种安心感远超娱乐带来的放松感。最终，天道酬勤，我得到了满分 20 分。坚信“天道酬勤”，哪怕是最后一刻也不放松，最终不论分数高低，我都问心无愧。抱着这样的心态去学习，成绩是绝对不会辜负你的。

摆正心态很重要，如何调整心态更重要，在高三调整心态则尤为重要。步入高三后，很多同学在压力面前容易变得烦躁，表现为易怒和焦虑——什么观点都想怼，什么事都看不顺眼。这种负面情绪在高三时也曾影响过我，那段日子是在沮丧的心情中度过的。我找到郭峰老师寻求帮助——对了，一定要信任老师——在他的建议下我找到了问题的根源：高三的课业压力剧增，导致自己的计划往往赶不上变化，这种学习节奏不受控制的感觉很容易让人产生自我怀疑和焦虑烦躁的情绪。怎么解决呢？当然是恢复对学习进度的控制，也就是列计划：每天把学习计划一条一条列出，不要给自己太紧的时间安排，从而重新掌握自己的节奏。这种方法见效非常快，一般第一天达成目标心情就会显著变好；这个方法也很容易坚持下去，当你坚持一段时间后，就能达到一种“冷冷清清地风风火火”——事情做了很多，心态还能保持平和的状态，而这种状态，是极度有利于学习生活的。我就是在这种心态下走完了高三的后半程，也就有了文章开头高考结束后那种感受——心如止水，恍如隔世。

“生活的最好状态，就是冷冷清清地风风火火。”这句话出自木心的《文学回忆录》，对于高中的学生尤为适用，我在深圳市二模获得表彰时也选择了这句话作为寄语。“天道酬勤”，出自《周易》的卦辞，也许在冥冥之中确有天意，我们学生也理应将其作为信念以自勉。

低眉不觉更漏短，举目应惜日月长，千淬砺锋勤作砧，百炼问鼎志成钢。

与诸位共勉！

深中学子 | 丁奕航

回首往昔时，发现曾经的痛已经酿成了蜜

2022届高三（3）班毕业生，被北京大学力学系录取。

教师评语

丁奕航同学如同他的名字，神采奕奕，一苇可航。他一直都以积极昂扬的面貌面对高三，包容同学，哪怕是偶尔遇到低谷和成绩的浮动，也是面带微笑地说出自己的担忧和问题，迎难而上，平和地接纳，不屈地奋斗，坚定地前行。

他总是很谦虚，乐于向老师们请教，是一个真正愿意听老师的建议并落到实处的学生。比如他听从建议能够坚持练字，细细记下各类指导，再结合自己的情况调整应用。作为课代表，他积极主动，尽心尽责，乐于与同学们交流，从来不吝分享自己的经验。

他生活充实，是因为他愿意在繁忙的学习生活中，保持对他人冷暖的关心，对身边许多美好的情绪、灵感和故事的捕捉。他前途光明，是因为他明确自己的专业方向后细细规划，提前准备。他用自己的脚步去丈量，踏实走出一条宽广的路。

一泓清泉，静水流深。虽然并不汹涌澎湃，但也能磋磨岩石锋利的尖角。祝福奕航收获属于自己的灿烂风景。

——班主任　曾雯老师

一、初入晒布岭

初来深圳中学高中部，我心里全是忐忑。初中就读于深圳中学初中部的我，中考成绩其实并不算理想，虽最终幸运进入深中高一竞赛班，但班上不乏竞赛金牌、托福110的“大佬”，让我有些压力。当然，也有和我一样的“萌新”。竞赛学习强度高，高考九门课也不能落下，平时“又菜又爱玩”的我，在物竞考试中屡次濒临垫底。高一期中考试，我抱着考过学号的期望，最后进了前100，这才有了坚持竞赛的底气。

二、选择竞赛与否，永远没有完美的答案

物理竞赛的经历对我而言是失败但却宝贵的。高一一年，从力、电到热、光，从近代物理再到复杂而有趣的实验，我收获良多。

寒假时，疫情使人猝不及防，我在老家对着电脑听高数。暑假时，竞赛课程已经结束，我们几个人住在学校从早到晚地自习，足足有两个月时间。经过一年多的学习，高二，我走上复赛考场，却发现题目和想象中的不太一样，似乎每一题都会一些，却难以走到底。不久分数出来了，我只完完整整对了两道题，甚至不能参加实验考试，更别提省一等奖了。我的竞赛生涯就此结束，我草草“退役”，留下“相对失败”的结局。

因为种种原因，我还是留在了高二竞赛班，原先每周三个下午的竞赛课变成了自习课。竞赛的失利对当时的我来说无疑是苦涩的。回归高考的我发现，之前的课落下了不少。期中考试迫在眉睫，我只得恶补，曾经有一次连刷五三生物遗传题，一直到早上才睡觉（早睡早起身体好，哈哈哈）。

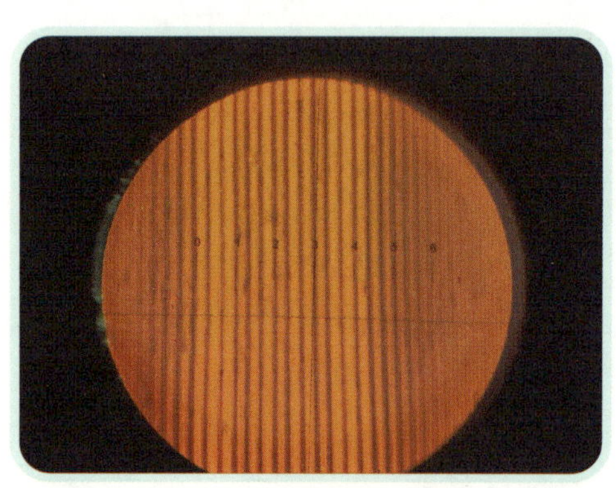

竞赛实验——双缝干涉的美丽明暗条纹
（虽然测出的钠黄光波长误差高达10%）

如今回首，我发现自己竞赛失败的经历其实也是一种收获：知识视野的拓展延伸让我对物理的兴趣萌发；与同学的研究探讨让我真正体会到合作的力量；暑假留校自习的两个月，我变得更加沉稳，让我能“享受”高

三的“持久战”；在图书馆自由分配回归高考后的大段自习时间，让我在高三的自主复习期间也同样能收获颇丰，乐在其中…… 如果未选择竞赛，也许我的高中生活会更轻松快乐。然而若问我：那些努力真的白费了吗？我会坚定地说“不”，因为这番辛苦让我成为完全不同的人，更加优秀的人。

我的小伙伴们也有高二成绩不错并坚持到了高三却遗憾没能进入省队的，但他们同样在高三回归高考后凭借超乎常人的努力补上当初停过的课，校排名突飞猛进，最终去了理想的大学。所以，如果你还在犹豫是否选择或坚持竞赛，那么我的建议是：听从你心，无问西东。

三、学习之外的天空

“深中的生活太精彩，以至于怎么过都是浪费。”虽然作为一个深中人没真正参加过社团着实可惜，但还有许多活动丰富了我的高中生活。

高一游园会，几个熟识的同学商量着开了个摊，名叫“物竞天择，出神入化”（好中二），只为展现物化竞赛班的特色。为了成功开好这个摊位，我们做了很多努力：尝试了几种化学实验，不过结果只有“水族馆”还算成功；设计、定制了笔记本和帆布袋，还给班上同学每人留了一份；和班主任曾劲松老师商量，将老师的著作推荐给更多的同学；设计了海报，在游园会当天立在大路旁引流（摊位实在太偏）…… 从一开始的策划到最终的“海底捞庆功宴”，我们自己动手，丰衣足食，让每一个创意落地，这份经历可以说是独一无二的。

此后还有三次实践课题：我们用Minecraft软件“建造”图书馆来呈现相关调查结果；邀请小组内外“巨佬”为学弟学妹们举行学习方法研讨会，分享自己的学习经验；做流程图和PPT界面，以此展示软件设计。

我们在深中的大平台上办成了许多先前难以想象的事，而这些事都或多或少地锻炼了我们的动手实践能力。

四、独属于高考的高三生活

带着高二四校联考的辉煌，我步入了高三，并迎来开学考的当头一棒，所幸仍“苟”进了3班。在这里，有屹立不倒的传说级“学神”，有个性鲜明的同伴，有六位勤勤恳恳的老师。在高考的压力下，在同学们良好学习氛围的影响下，我意识到：是时候拼尽全力了。此后，我虽经历过起起伏伏，最终也成功上岸。

以我浅薄的认知，我认为高三最重要的是务实，即不跟别人作比较、不盲目追求排名、不在乎要超过谁，而是全方位地磨炼自己，让自己知识熟练、身体健康、心态平稳，更符合大型考试的要求。

记得有一次，一名考了年级第一的同学在台上演讲时戏称自己上一次年级第29名是“人生低谷”，台下一片哗然。而那次我正是第29名，当时正坐在第29名的位置上洋洋自得地听他演讲。这之后我明白，追求排名大概有些务虚，学懂知识、提高题型熟练度才是真务实。

高三有无数次的大考或小测，有些考试确实很重要（如一模，也是我最差的一次），有些则不必在分数和排名上较真。踏踏实实过好每一天，从早到晚头脑清醒而有目标地学习，辅以适当的运动和休息，偶尔做点好事积攒人品，最终的高考很难失利。好好学习，我们都有光明的未来。

在学习方法上，也是务实为要。有些同学有详细周密的计划，我因为列计划很痛苦而放弃，转而列目标，尽力达成即可。不少同学有美丽的笔记本和错题本，我因为手速慢且记多了不想看，从而选择着重记语、数、英、化四科，上课记录要点，考前及时翻阅。某些科的错题与笔记杂糅，某些科则因为鲜有笔记而只粘几道错题了事。难题怪题太多，我个人选择只记典型易错的题目，争取每道题多看几遍就好。

我个人最重视的是向老师请教问题和学法，并不断反思。我学习语文时大多时间花在问作文、改作文上，数学、英语、物理、生物都少不了提问，化学老师曾老师作为班主任更是在知识、笔记、考试反思等方面倾囊相授。

我永远相信深中老师们的学术水平，相信老师们在学习上有求必应。作为竞赛生，我在高考的赛道上一直是“野路子”，是老师们的指导让我找到了“捷径”。不过话说回来，上述只是适合我个人的方法，一切方法究竟如何，还要依效果不时调整。

在学习战略上，我大概吃了点亏。一直听说往届高考决定天花板的是语文，120与130差距很大，于是我高三花了大量时间把当初欠下的语文素养提上来，语文分数也从114上到120再到高考的130+。当初天真地以为数学会延续往届风格，自己分数肯定不会差。然而高考却让人大跌眼镜，数学分数有所下滑，实属得不偿失。

静穆的深中校园

心态大概是最难提升的了。经过无数次考试，我本以为自己已经“心如止水”了，然而在高考时，还是出现了一些小意外：走入语文考场时呼吸加速，第一次面对没有参考画线的主观题还是会手抖字丑。不过只要接纳自己的紧张感，快速投入题目，就不会影响作答。下午考数学，原本制定的求稳策略在第七题就受挫了，我尝试了各种解题办法仍然没有突破，抬头发现时间已所剩不多，赶紧随便选一个。此后的磕磕绊绊，完全打乱部署，我只能不停地跳题，直到考试结束铃响。

考试结束后，食堂里喊声一片，大家边笑边吐槽，而我却很难开心起来，直到晚自习班主任曾雯老师带来的零食饮料大礼包和数学老师董老师的鼓励，我才恢复状态，以平和的心态去面对后两天的考试，最终没有发挥失常。

人生总是充满意外，及时调整方能应对接踵而至的挑战。

五、一点感想

一直以来，我追求的是个人的全面发展，不断融入这个社会并有所回报，而深中的六年无疑给了我足够的空间。

衷心感谢学校的包容和极其丰富的资源，感谢老师们在知识和为人上的教导，感谢可爱的同学们给予我的动力和陪伴。

接触了这样多彩的世界，我才有可能成长为理想中的自己。我也希望能提升自己的水平，更有能力报答遇见的所有人。

深中学子丨刘俊涵

在深中，学会学习

2022届高三（3）班毕业生，被清华大学自动化系录取。

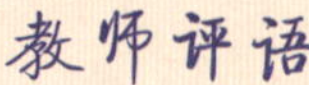

教师评语

从内而外散发出来的儒雅气质与魅力，让刘俊涵成为班级同学们绝对认可的益友良师。他在班级内做过多次分享，不论是语文学科的学习方法，还是平衡生活与学习的思考，他总是能做到最好，发自内心地分享最真实的想法，热忱而真诚。也正因有像他这样的同学，整个班级的学习氛围很浓郁。他自知、自律、自省、自强，循序渐进地落实着自己的计划，坚定前行。祝福他从深中出发，云程发轫，万里可期！

——班主任　曾雯老师

一、学习并非易事

我们常常听到这样一句话："学习是一生的事情。"学习是吗？当然是。从婴儿呱呱坠地、咿呀学语，到学习日新月异的科技；从学习一项简单的技能，到学习一门深奥的学科——学习不仅是一生的事情，甚至还是我们一生中最重要的事情之一。因此，我们在开始学习的时候，更要学会"学习"本身。

学习并非易事，事实上，有许多人终其一生都没有学会学习。在来到深中以前，我和很多同学一样，以为学习就是简单的理解课堂、刷题巩固，周而复始、不断循环。但在深中的三年里，一个个人、一件件事，让我对学习有了更加深刻的认识。以下，就是我对"学习"本身的一些经验与探讨。

二、合适的计划是成功的开始

在高中学习中，有规划的学习是非常重要的。如果把我们比作学海中的一艘艘小船，那么设定计划就是确定航线，设定目标就是锚定终点，一切有条不紊地进行，我们最后一定会达成自己的目标。

要想设定一个合适的计划，我们可以先从眼前做起，让学习计划精细到每月、每周甚至每天。这些计划可以是安排自己学习的细节，如完成哪一科的题目，也可以是粗略地安排学习的范围，如训练某种题型、复习某个单元。大致上，计划可以分为预习计划和复习计划。预习计划一般是在学习新课之前，提前一两天大致了解章节内容。复习计划应用场景很多，例如在完成一个章节的学习后，要及时计划自己的复习，最好是在学完后第一天、第二天都进行复习，避免遗忘。在大考之前一两周，也要提前规划好全科的复习。

需要注意的是，计划并不是一成不变的，经常需要根据老师的进度进行调整，不能也没有必要一丝不苟地执行。此外，计划也不宜订得太过长远，否则很容易脱离实际导致无法完成，我们最多只需要着眼于这个学期（或半个学期）的学习就可以了。

三、高效，一个词语蕴含无穷奥妙

高中科目繁多，知识体系复杂，学业压力比较大，学习时间却有限。因此，谁的学习效率高，谁就能用更少的时间做更多的事，用更少的力气取得更好的成绩。

重视课堂，高效利用课堂时间。

荀子有言："吾尝终日而思矣，不如须臾之所学也。"课堂是老师辛苦耕耘的结晶，是获得知识最基本的一条途径。立足于课堂，立足于知识原点，才能夯实基础，事半功倍。而如果脱离课堂，以在课堂上刷题为乐趣，在我看来这样的知识体系只能是"空中楼阁"。事有轻重缓急，知识亦然，与其自己埋头苦干，不如专注于课堂，专注于老师要求掌握的重要问题。这些重要问题将是考试的主要组成部分，而我们自己研究的冷门知识点，可能只占很小的分量。

用心专一，利用整块时间学习。

很多同学为了增加自己的学习时间，让自己的学习趋于"碎片化"，在课间学习、在食堂学习等。这样固然增加了学习时间，但同时也降低了学习效率。一般来说，利用整块的时间学习，效率是最高的。例如晚自习时，我

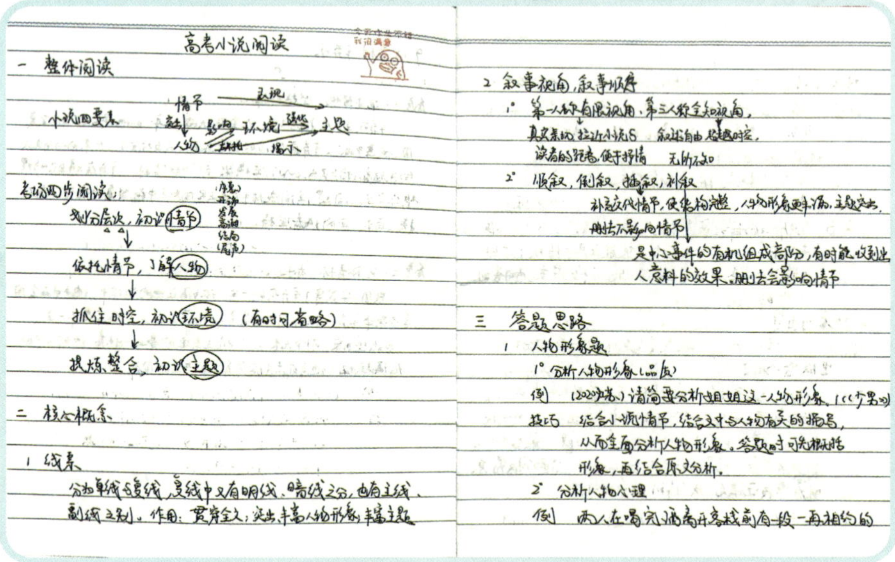

高三关于语文小说阅读的笔记

们完整地上完第一节自习，休息15分钟后继续第二节自习。整块时间学习有两点好处：一是便于集中学习意志，完成学习任务。在整块的时间里，我们的心思完全集中在学习上，心无旁骛地钻研难题，为思考留出了充分的时间。二是便于劳逸结合，提高学习动力。在碎片化学习时，我们往往感觉很累，因为我们需要在学习和休息之间不断切换。整块时间学习则没有这种问题。我们可以在50分钟的学习后，安排10分钟休息作为给自己的奖励。该学的时候用心学，该玩的时候也可以放心玩。

举一反三，彻底解决疑惑。

我认为，解决自己的疑惑是我们学习中最需要做好的一件事。学习首先要有“危机感”，这就是说，要积极主动地去寻找自己的问题，深刻清醒地意识到自己的问题，刻不容缓地解决自己的问题。那么，怎样才能彻底解决问题呢？“惑而不从师，其为惑也，终不解矣。”这强调在解惑的过程中老师的重要性。向老师请教，是最有效、最权威的一种方法。深中的老师们总是很乐于解答同学们的问题，他们会为你的问题给出最优、最标准的答案。更重要的是，许多老师在了解你的问题后，就会知道你是在哪一块知识领域有漏洞，从而为你举一反三、详细解答。当然，在请教老师后，更要时常复习，带着一种“危机感”和你的疑惑死磕到底，这样才是最高效地完成了学习任务。

四、益友，也可以成为良师

在深中，很多同学遇到过这样的烦恼：下课后想找老师，老师却已经被提问的同学团团围住；课间想去请教问题，老师的办公室却在另一栋楼，时间不够……当找老师解答问题的机会并不多时，我们就要依靠同学互助、协作学习的力量。

同学互助有着最主要的两个优点。一是能够随时解答问题。有时候在课间遇到疑惑，三五个同学一起讨论，很快就能解决疑惑，不必麻烦老师。二是能进行思维的碰撞。大家一起交流讨论、解决问题，在得出答案的同时，也发生了思维的交锋和不同解题方法的碰撞，从而得出一个最优的解题思路。这样的交流可以同时带动自己充分思考，对学习大有裨益。

在我的高中学习中，同学互助帮了大忙。在高三时，我不间断地向周围同学请教，而每个同学都能提供一种新的思路、一些新的方法，我也能在这种互助中发现我与同学们的差距。此外，互助是一个相互的过程，在接受同学帮助的同时，我们也要在力所能及时慷慨地、毫无保留地伸出援手。

高一时校本课程“魏晋风度”结业作品

五、艰难险阻，风雨兼程

每个人的学习生涯都不可能一帆风顺。在深中这样一个英才辈出的地方，我们在大大小小的考试中总会有几次失败、几次受挫。没有挫折，我们就不会进步，不会成长；跨不过挫折，我们就无法超越自我，无法开启新的篇章。

让我印象最深刻的挫折发生在高三一段考期间。那是2021年的10月份，我已经在高三学习了两个月，即将迎来高三开学考后的第一次检验。高三的学习非常艰苦，我在那两个月里用尽浑身解数，才勉强进入高三学习的状态。但一轮的很多复习我并没有做到位，频繁的考试也让我的心态出现了问题。结果，一段考中我失误连连、昏招不断，数、物、化、生四科崩盘，从第12名退步到第50名。

在短暂的沮丧、伤心后，我痛定思痛、知耻后勇，决定对自己的学习方法和考试心态进行全面复盘。我发现自己在课堂上不够专注，在某些学科上一味花时间导致对考点认识不明确、对技巧掌握不到位。在加以改正后，我很快恢复了信心，并在一个月后的二段考中取得第6名。

我认为，高中三年的学习，总是伴随着挫折的。挫折有大有小，可能让你垂头丧气，也可能让你丧失信心。道路是曲折的，但前途是光明的。把挫折看作学习中发现问题的一个机会，别跟自己的分数过不去，放平心态、改正问题、端正态度，相信最后的终点一定是美好的，一切挫折都只是来时路上的过眼云烟。

三年时光荏苒而过，深中的人和事让我永远难忘。

感谢高中三年给过我无数教诲与无尽关怀的各位老师，尤其是高三的各位老师，他们让我在最困难的时期实现了对自我的超越。感谢高中三年里我的同窗们，他们中有许多是我的知己，在学习上给了我莫大的支持和帮助。最后，祝愿深中的各位学弟学妹不负光阴，追求卓越，实现梦想，再创佳绩！

深中，必胜！

深中学子丨唐　超

我与深中的六年

2022届高三（2）班毕业生，被北京大学元培学院录取。

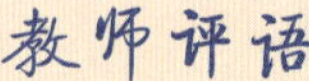

唐超同学为人平和，文静有礼，外表稳健，内藏热情火焰。他有一股刻苦钻研不服输的精神，遇到成绩起伏仍能镇定淡然。他从初一到高三有五年级时间在我任教的班上，在物理竞赛方面取得优异的成绩，学习成绩也是不断提升。

——班主任　曾劲松老师

非常有幸在深中学习六年，也算是有些许缘分了。这么多年来一直都想写一篇这样的文章，记录这六年，也让自己不只是做一个过客，能在深中的发展进程中留下哪怕只是一点点的痕迹，算是我的荣幸吧。然而，当真正开始写这样一篇文章的时候，回忆过去这么多年，我发现自己的生活未免过于平淡，过于平凡，甚至是过于平庸，唯一能拿得出手的或许只有考试分数了。有人说“深中的生活太精彩，以至于怎么过都是浪费”，然而回首这六年，再看看文章的几个参考分类，感觉自己所能及的，也就只有学习经验了。

下面分享几个本人六年来的学习体会，与诸君共勉。

一、定好目标，做一个追赶者也很好

与深中竞赛班中的许多同学不同，我小学时的奥数成绩并不出彩，或者说，我一直认为，我在小升初与深中结缘的重要原因，其实不过是运气罢了。正因如此，我在进入初中前的暑假就已经摆好了位置，定好了循序渐进的计划，初一上学期的第一次考试，我取得23名，成功进入当时竞赛班的1号考场（前24名），这在让我对于自己竟能取得如此成绩而出乎意料的同时，也让我确定了自己的位置。尽管后续的学习过程中有起伏，但从初一的20+名次，到初三几乎稳定前10；从高一的年级前100，到高二的年级前40，再到高三的年级前20，并经常位列年级前10，我也算是很好地完成了循序渐进的目标。在深中这样的高手云集的地方，没有人能占据绝对优势，也没有人能永远领跑，那么如何让自己摆正心态，去做好一个追赶者便尤其重要（友情提醒：大一上学期结束后，本人觉得在大学同样如此）。

二、维持心静，保证学习效率

之所以有这样的体会，是因为我在高一下学期的时候亲身体验到了沉浸式学习的效果。当时刚刚经历了一次排名的巨幅跌落。高一下学期的时候，由于疫情授课方式改为了网课，有人可能会说网课的效果不如线下授课，然而对于我来讲，网课实际上极大地提高了时间利用率。在这段时间，我非常明显地感受到自己的状态极佳。毫不夸张地说，高一下学期是我学习状态最好的一段时间，也是为我日后的高分高排名奠定基础的一段时间。当时学习新知识，进行更广更深的思考已经成为一种最大的乐趣，在这种内驱力的影响下，我在学习时保持了一种极为心静、内心和大脑极其沉浸的状态，成功提高了自己的学习效率。我可以非常负责任地说，一个人是否真正认真沉浸地学习了，是否真正思考了，是否高效学习了，都是自己可以真真切切感受到的。

三、为自己而学习，不要自欺欺人

实话实说，我其实有过自欺欺人的教训。作为一名前物竞生，我的起步其实是相当早的，然而学习效果并不理想，或者可以说是相当糟糕。究其原因，我当时去学竞赛的一个重要动力是跟风，或是逃避课内对于中考内容的学习。一刷程力程电可谓真的是欺骗自己，尤其是程电，完全没有用脑子去思考，而是单纯去抄答案，用刷题量，或者严格来说是抄题量来自我麻痹。可想而知，这样的自我欺骗是毫无意义的。在经过几次的竞赛和直升考试失利后，我深刻地认识到了自己的问题，认识到自欺欺人的可笑，认识到自己曾犯下的错误和曾荒废的时间与精力。渐渐地，我找回了自己的初心，去认真看书，认真计算，认真思考，尽管并没有能在竞赛上取得极佳的成绩，但两次省一也终算是对得起那个选择了物竞的曾经的自己吧。

四、坚持思考，拓展深度广度

这个可以说是竞赛学习给我带来的最大体会。在面对竞赛与课内学科学习的冲突这类问题时，我的回答往往是，对于强者来说，其实并没有什么特别大的冲突，或者说，真正的高分段考生，往往在更深层次的问题，也就是所谓的竞赛题上进行过一些思考。竞赛教会一个人的最重要特质，是自学能力和自主去思考，是拓展认知边界的能力。

五、保持平静，注意调整心态

我见过许多在高考中因为心态没有及时调整好而没有取得理想成绩的同学，而我自认为自己是一个心态极佳的人，或者我认为心态其实是自己取得这个成绩的重要因素，我一直认为心态的最好状态是在不抱有很高的期望的同时能做到学习的绝对认真努力，或者说，在知道自己有可能达到某个目标时，尽量努力去够到它，但同时也为不能达到的情况做好充分的心理准备。我始终认为，当成绩不如预期的时候，心态崩溃带来的只能是自暴自弃，消极情绪浪费的时间本应拿来进行反思、进行总结，正如前面说的那样，用一个追赶者的心态，摆正自己的位置——你只是一个追赶者。你要做的是努力奔跑，至于结果，你不得不承认这个世界上是有天赋存在的，也就是说，当你努力奔跑了之后，最终的结果已不再是取决于你自己了，尽人事听天命，相信命运会眷顾一个心态平和的奔跑者吧。

作为一名没有什么社团活动经历的同学，我认为这篇文章并不会像别的文章那样有意思，或者说其实这篇文章显得非常平庸，非常不出彩，但不得不说，这确实是本人的一些体会，也希望这些体会能尽可能地为大家带来一些小小的帮助吧。

深中学子丨钱子扬

深中予我 星海浩瀚

2022届高三（17）班毕业生，被北京大学政府管理学院录取。

教师评语

因为打字匆忙没有仔细确认，钱子扬这么有诗意的名字被打成了“牵只羊”。读她的作文时，教室里笑声不断，子扬只是牵动嘴角笑了笑，她的笑意很浅，却留给我深刻的印象。淡然是她的特色，独处静心，遇事从容，待人温暖。上台发言，欢乐游戏，生日聚会都能沉浸其中，随时随地享受学习生活给予的馈赠，欢悦而不沉迷。

高三一年，带着浅浅的笑意，放弃文科女生的时尚，每天三点一线，子扬用过人的毅力矢志不渝地去追求心中的目标。不生抱怨之心，不浪费时间，踩准高三的节奏，舞出高考人生中的绚烂舞姿。

子，本有女儿之意，也指天之骄子，“子”字取名含义有人中龙凤、才华横溢、品质高尚之意；扬，有飞扬、传播、向上等之意。这是父母的祝福，也是老师的祝福，希望子扬能成为一个独立的女性，成为悦己达人的人！

——班主任　汪健老师

一、竞赛篇

我初中就读于深圳中学竞赛班，从初二开始选择生物竞赛方向，直到高二上学期开学后一个月才退竞并转入历史方向。有人曾问我，会不会觉得走竞赛浪费了太多时间；如果早选择放弃竞赛转入历史方向，会不会取得更好的成绩。我的答案是“不会”，因为这三年的竞赛时光对我而言是非常珍贵的经历，甚至可以说，没有这段竞赛的经历，就不会有现在的我。

竞赛让我与高一时各种各样的校本课无缘，与学长团无缘，与多彩的社团生活无缘，我确实为了它放弃了一些，但它却让我得到了更多。搞生竞要看很多很厚的竞赛用书，要耐住性子反复标注、整理其中的知识点，这让我学会了沉下心专注学习，也锻炼了我的阅读能力和记忆力。我在竞赛学习中学到了大量新知识，被生物界的精巧神奇震撼，这让我始终保持对知识的好奇心。搞竞赛要额外花费大量时间，我们不仅下午放学后要上竞赛课，在假期也要回学校参加集训，因此我在努力平衡竞赛和日常学习中学会了如何更好地管理分配时间、更高效地学习。

竞赛锤炼了我的心性，更带给了我珍贵的情谊。我在竞赛的过程中有幸遇到了非常优秀的老师和同学。老师们总会提供及时的帮助和鼓励，同学们一起为了同一个目标而努力，相互帮助、相互鼓励。因为深知竞赛的不易，因为明白竞赛是一段“千军万马过独木桥”的征程，我们更能理解彼此，理解彼此失利时的不甘，也会为彼此取得的成绩送上真心的祝贺。比起竞争对手，我们其实更像并肩作战的战友。这种良性竞争、温暖和谐的氛围令我十分难忘。

这是一段辛苦、忙碌却充实精彩的时光。

二、转科篇

做出转科这个决定其实并不容易，甚至我一开始都没有想过还有这样一条路可以走。

我非常感激高一的班主任李绍明老师，是他建议我退竞后转入历史方向。我也非常感激我的家人、竞赛教练刘娴老师、高二（9）班的各位老师和高二（16）班的各位老师、我的朋友和朋友的家长，他们都给了我很多鼓励和建议，让我下定决心转入历史方向并适应了新科目的学习。

要把高一一年落下的历史、政治知识弥补回来确实有难度，但既然做出了转科的决定，就要为自己的决定负责，要在这两门科目上加倍努力。我把晚自习的一部分时间固定地留给政治和历史的背诵，我担心在走廊里背书会吵到教室里的同学，就拿着课本在厕所里背诵（希望没有吓到来上厕所的同学……）。

幸好最后的结果是好的，我在高二的几次大考中都取得了不错的成绩。而且，因为我不用再花大量的时间在物理和化学的学习上，所以我在数学学习上拥有了更充裕的时间，我的数学成绩也有了一定的进步。这提振了我的信心，让我能以更积极的姿态投入接下来的学习中。

三、高三篇

心态

如果想在高三这一年中实现蜕变，良好的心态是必不可少的。什么是良好的心态呢？就我个人而言，是保持理智淡定和不服输的冲劲。

高三会有很多次大大小小的考试，与其为了其中的某一次考试失利而灰心丧气、开始摆烂，不如抛开成绩，冷静下来想一想：这次考试暴露了我的哪些问题？是知识点掌握不够还是考试技巧不够？接下来我应该重点突破哪些方面？我这次考试比上一次进步在哪里？有哪些学习方法或做题技巧是被考试检验后确定有效的？这种理智淡定的心态能让我们快速从成绩不利带来的情绪波动中走出来，更专注地投入并改进接下来的学习。

高三这一年，我们要保有不服输的冲劲。高三时，我在一段考、二段考、深一模、深二模中都考得比较一般，在数学考试中总会因为各种原因错很多不该错的题。我原本的优势科目到了高三却成为劣势科目，甚至在高考前不久，历史考试的选择题还是会错五六道。我们在高三中会遇到各种各样的变数，可以短暂地难过，但决不能就此认输。考试失利了，没什么大不了，那就继续改进学习方法、考试技巧，继续巩固知识点。

当然，高三一年中我们不太可能一直保持良好的心态，如果情绪低落或者无法投入学习，可以找朋友、老师、家人聊聊天，也可以摘抄一些励志的句子或者听励志的歌曲来鼓励自己，打球、跑步等运动或者在校园里闲逛也是放松心情的好方法。

学习方法

高三班主任汪健老师常提醒我们，要注重日常的整理总结，而不是考试前才临时“抱佛脚”。

对我来说，整理总结是高三最重要的学习方法。整理错题并不是把整个解题步骤再重新抄一遍，而是再重温一遍做题的逻辑和思路，并把关键步骤和思路记录下来，为以后做题提供借鉴。当然，每个科目整理总结的重点不一样，比如对于语文、历史、政治这几科，我会重点整理答题角度和答题术语；对于数学，我会重点整理关键思路、选择这种思路的原因以及错误的原因；对于英语，我会重点整理错误的原因和作文的好词好句；对于生物，我会重点整理易错的知识点和答题规范……

我们在整理总结时追求的并不是完美，而是清晰、全面，可以善用简写、符号等来减少耗时，还可以用便利贴、活页纸等随时添加内容。整理总结的方法和内容也不是一成不变的，我们可以在高三的学习中不断调整改进，最终找到最适合自己的方式。

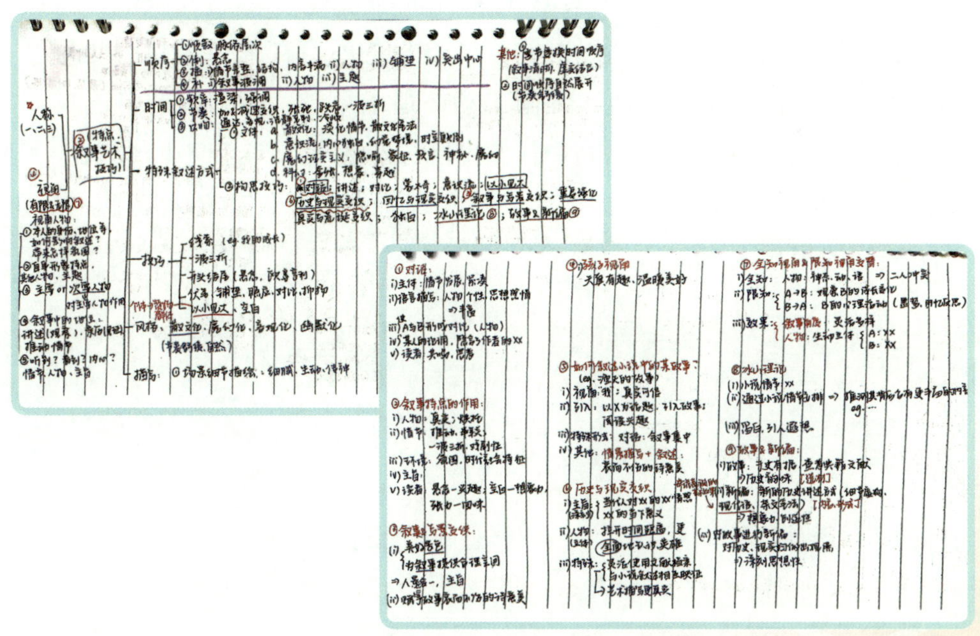

部分语文笔记整理总结

总之，整理总结是一个将知识再次吸收并内化于心的过程，与其盲目地刷很多题，不如及时整理总结，让这些题目为我们提供更有益的借鉴。

情谊

高三时，我非常幸运地遇到了很多很好的老师和同学。班主任汪健老师对我们每一个人都十分了解，她总能在最恰当的时候给予我们最恰当的警醒或鼓励（比如在高考数学考完的当天晚上给我们点炸鸡吃）；郭胜宏老师经常会用空闲时间给我们讲课、分析试卷，会帮我们搜索不同专题的例题并将知识点和解法整理成册；Susan总会认真看我们写的反思并批注，总是和我们一起分析在考试中出现的问题；吴汇文老师总会耐心地帮我们分析试卷，会在考试前再三叮嘱我们做题的注意事项；小桂老师讲解知识点和题目清晰全面，帮助我们理解出题人的意图和每道题目的考点；王成启老师对题目和知识点都有很多独到的见解。

高三（17）班是一个温暖的大家庭，大家相互促进、共同进步。我仍记得大家相互借阅优秀作文，一起整理英语作文，一起把查到的文言文词语释义和用法汇总成电子文档。我从周围的同学身上学到了坚韧、刻苦等宝贵品质，学到了很多很有效的学习方法。

作为在深中学习成长六年的老生，每每都为自己是一名深中人备感自豪。感恩母校，感恩恩师，感恩同学们，这里的所有都无可替代，也赋予了我们一种与众不同的精神气质，创新主动，追求卓越，做最好的自己！

“凡是过往，皆为序章！”深中予我目标和勇气，让我不断成长、不断蜕变，“仰望星空，脚踏实地！”深中予我理想和信念，眺望更广阔的天地，奔赴更美好的星辰大海！

深中学子｜刘华锦

在深中学习，在深中成长

2022届高三（3）班毕业生，被清华大学电机工程与应用电子技术系录取。

教师评语

刘华锦外表看似沉稳安静，内心却充满了热情与活力，仿佛是一个宝藏盒，越挖掘越能给大家带来惊喜。平日的他总是能够以一种平和、友好的态度与人交往，他从不敷衍了事，总是认真对待每一件事情，让人感受到他的专业和认真，这样的品质让些许慢热的他在高中生活中不仅收获了学习上的成就，也收获了珍贵的同窗友谊。

看到这篇文章，相信你更能了解到他是对生活很有观察力的人，也总是能善于发现生活中有趣的点滴。而他自主、独立、专注的特征，使他在面对挑战时总能迅速调整心态，找到解决方案，保持自己的成长节奏。深中的每一个同学都有丰富多彩的经历，而这些看似微不足道的日常趣事，其实都是经验和智慧的总结。当他们分享这些经历时，就像是将这些垫脚石一块块地铺在路上，帮助我们一步步走向成熟和成功，实现更大的梦想。祝愿华锦在这些成长的见证和动力中更加坚定追求自己的梦想，攀登人生的高峰！

——班主任　曾雯老师

听到《凤凰花又开》，我的深中梦又做了起来，脑海中逐渐浮现出许多美好的深中回忆。深中的生活丰富多彩，我们在深中学习，也在深中成长，历经高考，完成蜕变。请允许我以各学科的学习生活为纽带，连接起关于深中的回忆碎片……

一、语文

作为高考的第一科，语文似乎一直是“学科之首”的存在，重要程度不言而喻。语文老师总是对学生们多次强调：语文很重要！很重要！仿佛总有一些同学把头埋在以数学为首的“理科题海”中，而淡化了对语文的关注。“现在不重视语文，到了高三想哭都来不及！”老师类似的话语仍然回荡在我的耳畔。紧接着就是一个个鲜活的示例。某届某生，不重视语文，到了高三，发现语文严重偏科，就算数学再好也补不过来。只能进行恶补，最终也无济于事！

语文的学习的确有些门道，虽然总被调侃有些“玄乎”，但总的来说，通过持续的积累与练习，长进还是很明显的。而一张语文考卷的“画风”，往往取决于出题人的想法，当同学们做到所谓“野题”，看到“野答案”，也不免会质疑试卷的质量。面对各种模拟题质量参差不齐的现状，老师也不禁说道：“模拟题，模拟做！”

好在高考语文的“画风”并不狰狞。到现在，我对语文的印象主要集中在老师的经典话语中。譬如什么“回归知识原点”，什么“在材料里打滚”，什么“不要以题套题”。而后又回想起那个仿佛很久以前的晚上，我坐在高三（3）班教室里，一边翻阅着第2版的《古代汉语词典》，一边在厚厚的《文言文精选阅读》上做着批注……

二、数学

数学可谓是让人又爱又恨的学科，也是大家总是津津乐道的学科。我清晰地记得，在高一的某节数学课上，伴随着老师的一句“很简单的”，随堂测试的试卷一沓沓发下来。我当时并没有意识到，这是一份让全班平均分不足60分的试卷。这考试自然是炸开了锅。而这一切似乎都在老师的预料之中。在第二天的数学课上，他只是满脸笑容地给我们讲题。

深中的数学教学内容，在难度上自然是比较高的，而在考试上可能是更高的。狰狞的试题要求我们不仅要具备充足的数学素养，还要有相应的应试能力。我当时对自己的要求是比较苛刻的，一道数学题，不仅要做对，还力求尽可能快地做对，为的就是提高熟练度，在考场上争取时间，避免所谓“眼高手低”的情况。刚学完数列的时候，我对着各种二级结论，研究了整整两节晚自习，以至于第二天上课时，几乎所有题目的答案都是一眼瞪出来。然而，没过两天，这种感觉就完全消失了，这种学习方法似乎并不可取。

在高三，我对自己的要求更加严格，买了不少教辅加以研究，包括著名的《导数的秘密》《立体几何的秘密》等。光是关于圆锥曲线的教辅，我就买了三本，有空就对着那些二级结论开始研究，但最后似乎并没有什么实际的用途。在考试时，我总是很大胆，譬如第12题多选题，在有选项不确定的时候，我总会选上，甚至有时候排除了B选项就直接选ACD。当然，有幸运的时候，也有“翻车”的时候。在高考时，我第12题就因为多选了一个选项而失去了5分，是一个比较大的遗憾。不过，那次我不是“蒙”的，而是一步一步做出来的，只不过我做错了……

提到高考数学，就不得不提到2022年6月7日，那个被新高考Ⅰ卷的阴影所笼罩的下午，那个能够引发所有2022届考生共鸣的下午。当时做题的感觉，犹如身后有恶犬在追赶，令人上气不接下气，待到考试结束铃响起，才喘一口大气，心里的一块大石头瞬间落地，不过落得不是心安，而是心碎，同时还夹杂着几分无奈与绝望。交卷以后，整个考场的考生都没有吭声，考场里死寂一片。直到走出考场后，才有人悄悄地、试探性地对旁边的熟人喃喃道：“是不是……有点难啊？”

紧接着是宛如暴动般的嘶吼，候考室里人声鼎沸，有砸桌子的，有撕纸泄愤的……

这的确是一段难以忘怀的人生经历。

“这个多选，先看BC选项，排除B就选ACD，排除C就选ABD，都排除不了就选BCD……”现在，如果有学弟问我多选题第12题有什么技巧，我还拿着当初不成熟的、大胆的做题“技巧”，分享给他，然后自己也忍不住笑起来……

三、英语

英语老师们总会强调，要考好英语，最核心的要素还是庞大的词汇量。在高三，几乎在学校的任何角落，你都能看到有学生手里捧着一本《维克多词汇3500》。如果早知如此，在高二的时候我便会去买一本，而不是盯着课本上的Exercise。

高一的某天，懵懂无知的我只是做了一篇完形填空，在得知20道题做错了13道后，我变得更懵了，但却意识到了些什么。这仿佛是一场“噩梦”的开始。而经过一年的挣扎，这种情况似乎有所好转。英语学习中的许多内容，都是有明确的逻辑的，老师就热衷于讲述这种逻辑。而对于有争议的阅读理解题，他总是拒而不讲。

“英语是理科。”老师似乎是故作严肃地说道，引来台下一片笑声，“That’s true!”他补充道。

在高三，英语仍然是我的弱势科目，班里的“大神”能够在14分钟内完成一张报纸的所有客观题并取得满分，令我瞠目结舌。好在老师对我十分关照，给予了许多学科学习上的帮助与鼓励，才让我没有落后太多。

“Shall I compare thee to a summer’s day?”临近期末周，别的老师在讲题，而他在为我们讲解莎士比亚的十四行诗。现在回想起来，印象最深的也莫过于此了。

四、物理

“什么是经典力学？”

“就是很经典的力学。”

“什么是椭圆？”

“就是压扁的圆。”

“什么是圆？”

“不椭的椭圆。”

物理课上，老师用这种方式开启他的课堂，令我至今记忆犹新。

“老师您看，这道题为什么……”

“噢，你要注意这里内力做了功。”

“那如果……这个模型还成立吗？”

“这个模型也是很常见的，我给你写一下……”

“那如果……这样呢？”

“这个就不在高考的范围里了，以后在大学里你可能会学到。”

物理课后，老师开启了“秒答”模式，不等同学的问题说完，她便知道问题的症结所在。在高考范围内的问题，她活像一个高考题库，能够迅速“输出”相应的公式与解答。而对于高考之外的问题，她能够立即识别，并给出合理的建议。

五、化学

化学课总是十分生动有趣，能够充分调动同学们的学习积极性。

“Oi! Oi! Oi! 听懂了没有？”

“老师，有问题！”

“好，有问题，问！”

“那个地方氯化钠也参与循环了，怎么不写进去呢？”

“没有啊，前面盐酸都挥发了啊！”

“但是……”

“好，下课问！下一题！”

在化学课上，我们总能感受到老师对课堂进度的精准把握。

通过对重点例题的讲解，回归题目背后的基础知识与常见考点，这样的课堂效率更高。对于常见问题，老师会在课堂强调，而对于比较“个性化”的问题，老师往往建议在课下解决，一来使课堂节奏更加紧凑，二来课下有更充足的时间，可以更好地解决问题。

六、生物

课间，一位同学对课本中讲述的某个生物过程的机理很感兴趣，而课本上并未说明，于是找到老师，询问了相关的内容。老师听后，表现出了比这位同学还要高涨的兴趣，兴奋地讲解起了整个反应的详细过程，不知不觉已经过去好几分钟。

“明白了吗？”

“嗯…… 明白了。”

“用你自己的话讲给我听听。”

“……”

“这样吧，”老师在手中的Pad上打开了某个满页是英文与插图的文件，“回头我把这个发给你看看，明天我再来问你。”

在后面排队等答疑而目睹了这一切的我，震惊之余，悄悄地溜走了。

七、学习心得

在高强度的学习下，不要过分强迫自己，适当的调整可以有效改善学习心态。而深中的生活也远不只是学习生活。

1. 用喜欢的小物品装饰桌面

在整理桌面后，用自己喜欢的小物品装饰桌面，往往容易在学习中保持良好的心情，从而提高学习效率。同时，及时给予自己适当的反馈，给自己正向的心理暗示，相信能够带来好结果，并相信自己能够通过努力最终取得好结果。

我当时在课桌的书立上放置了一个小物件，当我抬头时，总能够有不错的心情。

2. 与朋友保持良好的关系

不要因为过高的学习强度而淡化了与朋友之间的友谊。保持交流，互相鼓励，共同进步，这样的学习节奏更加轻快。可以在宿舍内为朋友庆祝生日，这对生活、对学习都将是一个正反馈。

3. 关注生活中的美好瞬间

在一天的学习后，即使疲惫，也要主动去发现身边的美好。一朵飘零的凤凰花，一片悠悠的白云，一只乖巧的小猫，这些都有可能成为你一天的转折点。

在深中学习，在深中成长。三年的深中时光虽然短暂，但学会接受失去，学会告别，也是成长的一环。要相信，虽然昔日的盛景已随时间消弭，但新的美好也在不断产生，新的壮丽篇章正在不断展开。

在最好的年华遇见深中，遇见可敬的老师们，遇见亲爱的同学们，收获知识，收获成长，收获满满的回忆，是我最大的幸运！

深中学子丨韦家希

与强者为伍

2022届高三（19）班毕业生，
被加州大学伯克利分校化学院录取。

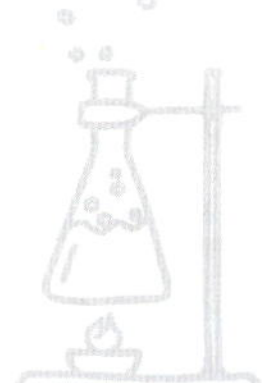

教师评语

韦家希是我们班的竞赛小达人，拿过各种国际学科竞赛奖牌且还觉得自己仍需努力，真是一个谦逊有礼、勤奋进取的深中好少年！他成功在常规申请（RD）阶段收获了卡耐基梅隆大学、加州大学伯克利分校、新加坡国立大学等海外知名高校的录取通知，为自己披荆斩棘的深中生活画上了一个圆满的句号。现在家希进入全美化学专业排名第一的加州大学伯克利分校化学院学习，从深中出发，与世界著名学者为伍，世界数学大师陈省身、华裔物理学家李政道都曾在伯克利任教，数学家丘成桐、物理学家吴健雄都曾在伯克利完成学业。期待家希学成归来！

——班主任 陈励老师

孟母三迁，一个好的环境是成功的基础。无独有偶，朱华伟校长曾经说，一个人的成长，第一是天分，第二是后天环境。他还用“泡菜”打了一个生动的比喻，“泡菜的味道决定于泡菜水，泡菜水好，无论是白菜、萝卜、黄瓜，泡出的味道都好，否则，结果相反。”毫无疑问，高中三年能在深圳中学这样优质的环境里学习是我被心仪大学录取最重要的因素之一。

刚进入深中时，我是既兴奋又伤神。兴奋于这样一所用大学模式来教学的学校，老师们彬彬有礼，面如春风，不强压学习，总是去鼓励你、关心你。偌大的图书馆安安静静，它是我课后最喜欢去的地方之一。大量的社团活动，丰富了我的业余生活。本以为进了深中就全是学习了，但其实我们都保有了自己最真实独特的面貌。伤神的地方呢，就是同学们都太强了。抛开那些高一高二就在国际奥林匹克竞赛中拿金奖的同学不说，就在我们国际部80多人的小圈子里，也是“大神”如林，有的初中就考了美国大学入学考试(SAT)，有的小学就过了托福。面对这样的学习氛围，压力是巨大的。我选择了化学作为我的主攻方向，这些压力后来也成为我奋发向上的动力。

通过在深中的探索与学习，我有了一些经验，在这里跟学弟学妹们分享。

一、主动寻求帮助

“让最优秀的人教育下一代，培养出更优秀的人”，这是深中的师资理念。如果没有老师的教导和帮助，就没有我今天的成绩。我的班主任陈励老师（Lily）是一名非常优秀的老师，她每周一早上的班会课是我一周动力的源泉。特别是在升学季的时候，同学们的心态不是很稳定，总是希望能早点“上岸”（收到录取通知书）。Lily就会鼓励我们说，最好的总是会在最后出现。这句话一直鼓励着我整个常规申请（RD）阶段，确保我情绪稳定地持续向目标学校发力。我的升学指导陈少锐老师几乎每隔两天就会跟我沟通，他会直言我申请文书里的问题，也会不断地告诉我，大学最看重的就是踏实努力、厚积薄发的学生，而在他眼里，我就是具有这些品质的学生。我觉得自己特别幸运，进了深中，遇到这些良师益友。只要你敢想，老师就会鼓励并帮助你去实现；只要你愿意付出努力，幸运之神就会与你不期而遇。

二、积极参与社团

深中提倡“一体两翼”的课程模式（以多元课程为主体，以社团活动和学术竞赛为两翼）。学生社团有110余个，学校鼓励学生在真实的实践中学会选择与做事、学会共处与独立思考、学会价值判断和自我发展。以前我会认为做学问就是在课堂、在书本中学习，殊不知真正的学习也在课堂和书本之外的地方。我参加了羽毛球社团、跑酷社团，还在校外参加了iGEM社团。在这里，我学习并实践了组织管理的能力、解决问题的能力。这不仅展示了我的多元化爱好，也提升了我的团队合作能力。我感恩深中给了我这些锻炼的机会，让我现在在大学里能够更加从容地面对更加多元的团体，并融入其中，为团体出一份力。

三、突出自己的优势

我从小就是理工男孩，在数理化上一直很自信。到了深中这样“牛人”比比皆是的环境里，更是不甘落后。我选择了化学作为主攻方向，在课堂上把化学的知识点学扎实，在课后转而学习化学竞赛的内容。通过近两年的努力，我在英国和澳大利亚的化学奥林匹克竞赛中都取得了金奖。因为数理化的相通性，我自己学习了物理和数学方面的竞赛内容，也同时取得了一些物理、数学竞赛的奖项。都说生化不分家，我对生物的兴趣体现在我参加的iGEM生物工程竞赛。我记得高一时周末和假期日夜在实验室里接菌跑胶的乐趣，也记得10月的那天晚上我们团队一起在实验室里用菌毛成功点亮小灯泡的时刻。那天夜里我辗转反侧，再次打开照片看到万能表上的电流和小灯泡灯芯的微弱红光时，我觉得所有付出都值得，而且对自己的理科能力有了更多的自信。每个人都有自己的独特性，找到自己的闪光点，让这份光不断地去照亮自己，并在不久的将来照亮他人，是我们每个人都要去寻找的自我实现之路。

我在 iGEM 实验室做生物电池实验

四、勇敢补齐短板

深中是一个鼓励你去挑战自己的地方，如果只是去做自己能力内的事情，就会大大错失了这样一个包容开放的氛围。于是本来打算“死磕”纯理的我，选择在高三参加约翰洛克写作竞赛（哲学类），以此来挑战自己的文科短板。虽然没有头绪，但我有老师，有同学，有时间。两个月里，我了解了许多哲学大家如柏拉图、大卫·休谟、康德的思想，读了他们的作品，在各家思想相互争辩的海洋里还算“畅快”地遨游。深中最不缺的就是资源。有了一些内在知识和论文初步框架以后，通过一次次地找老师和同学，我把毫无逻辑的450字初稿（我愿称之为“各种哲学观点的杂糅”），改成了一篇有模有样的2000字哲学议论文。一个月后，我成功地进了决赛（finalist），并受邀去牛津大学参加颁奖典礼。现在回首这个勇敢的尝试，我觉得自己在潜移默化中践行了深中精神：追求卓越，敢为人先。它鼓励我到自己舒适圈之外的地方，不断挑战自己、超越自己。

深中还给我留下了很多美好的回忆。那些在图书馆做志愿者的日子，在寝室长廊宿管大哥给我们买夜宵的日子，每周二、周四放学老师拿出自己的休息时间给我们补课的日子……即使已经离开了深中，我与同学们谈笑间也常提到在深中那段金色的记忆。相信大家都听过一句话：深中的生活太精彩，以至于怎么过都是浪费。只要大家有清晰的目标，有敢于一次次挑战自己的勇气，那么在深中，怎么过都将不会是浪费。

深中，一个与强者为伍的地方，等你来！

深中学子 | 杨少东

十年寒窗，今朝起航

2022届高三（6）班毕业生，被复旦大学微电子学院录取。

教师评语

彬彬有礼、腼腆羞涩是杨少东给我的初印象。在高三上学期的一次聊天中，我得知他的目标是复旦大学，才发现他平静如水的外表下那颗坚定如山的心。当时他的成绩是远远不够的，这一点我们心照不宣，但我们同时也相信高三是能创造奇迹的。

高三备考这一年，他曾为粗心大意而无比懊悔，也曾因压力很大而情绪低落，但他从未放弃，一直保持低调沉稳、不卑不亢。因为脚踏实地，让他有了仰望星空的底气。他也学会了调整自己的心态，专注于眼下正在做的事情，而不去过多地计较得失。

心态放松了，性格的可爱之处也渐渐显露出来。有一次他在教室门口叫住我，把口袋掏了个遍摸到两块巧克力递给我，我到现在也不知道为什么要给我那两块巧克力，但我感受到了真实和真诚。希望这个可爱的大男孩儿能够更加自信、从容地面对今后的挑战！

——班主任　桂之颀老师

学弟学妹们，你们好！很高兴能有这个机会和你们分享我在深中的学习生活经历以及毕业感想。我的高中生活说不上波澜壮阔，却也在平凡中绽放出光彩。高一高二对于自身爱好的探索以及高三一年的奋斗都成为我珍藏一生的珍贵记忆。祝愿学弟学妹们能实现自己的目标，收获成功的果实，最后昂首阔步，迈向光明的未来。

深中校园生活篇

说起来太惭愧，高一的时候，带班学长就和我们讲过："深中的生活太精彩，以至于怎么过都是浪费。"虽然我当时就做出"要认真过好在深中的每一天，争取做到一天进步一点点"的决定，但现在回忆高中三年，觉得自己辜负了这句话。深中有很多可以提升学生素质的活动，包括运动会、游园会、社团、十大歌手比赛等，但由于我自身内向的性格，最后我都没能报名参加这些活动，唯一一次上台讲话是班会课小组活动，现在想来还是有点遗憾。

在高中，学习固然放在首位，但生活显然不仅仅只有学习。除了努力学习，我觉得一个优秀的深中学子更应该学会放松自己。高三的同学们学习生活压力都很大，而适当的放松自己不仅有益于身心健康，更能有效地提高成绩。运动是我比较推荐的一种舒缓高三紧张学习压力、放松心情的方式。相较于其他解压方式，运动在达到解压目的的同时，也能起到强身健体的作用。高三时，班主任桂老师就组织过"星期四运动"来帮助同学们舒缓紧张的情绪。当然，"放松"这个词可能是学弟学妹们在高三除了"加油学习"以外听老师、学长们提到的最多的词了。"适当放松"有利于保持身心健康。说出来我也不怕大家笑话，刚入高三时我曾因为没协调好爱好和学习的关系，又过于担心成绩而跟桂老师哭诉过。在这之后我才真正体会到这句话的深刻内涵。

正如一千个人眼中有一千个哈姆雷特，相信每一位深中学子都对自己的深中生活有不一样的体会，我衷心祝愿大家在深中的这三年，过得充实而无憾。

深中学习经验篇

因为我高一高二对自己的要求过于宽松，所以高三之前，我的学习成绩一直都很不理想，很少能达到自己的目标。平日我主要以完成作业为目标，学习没有方向。即使每次考试前打算用心学习，面对一堆学习资料，却总感觉无处下手，练题也不知道该练哪些。这直接导致我刚进高三时的焦虑与不安。

高三学习有很多时期：高三开始时飞速提升的时期，一模、二模时感到疲惫的时期，以及最后高考前平稳心态和查缺补漏的时期。把握住每个时期的学习重点方向和调整好每个时期的学习心态，是提高高三学习成绩的关键。

高三刚开始时，大家的基本学习任务是过一遍整个高中的知识，厘清自己已经掌握哪些知识，补足自己没有掌握的知识，而这时只要一步一个脚印，踏踏实实地完成学习任务，成绩就能有较为明显的提升。这个时候最容易出现的问题其实是急躁。有的同学成绩提升已经很快了，却总觉得不满意，每天会花很多时间去刷题，陷入假努力的误区。这很正常，但我们要意识到这种心态其实是不健康的。只有在这个时期弄清楚自己的优势与劣势，才能更好地制订出适合自己的学习计划，才能更高效地学习。

一模、二模时，基础知识已经差不多过了一遍，这个时候的主要学习任务是巩固知识，所以我们要做更多的题。当然，做题应做到做前有规划，做后有反思，这样才能使做题起到应有的效果。而这时出现的心态问题可能是疲惫，毕竟整日在题海中沉浮，成绩却起起伏伏，此间心酸，让人疲惫。普遍现象是上课或者做题时心不在焉，注意力难以集中。我有过读题读了三遍都做不了题的情况。这时候我们要做的其实是通过放松来调整心态，给自己充充电。或许是喝一杯奶茶，或许是一次散步，又或许是听一首歌……总有合适的放松方式，让我们重新元气满满。“花式”放松，是高三艰苦奋斗的苦涩茶水中，让人回味的甘甜。

临近高考时，深中会给予学生充足的自习时间。在这段时间里，做题只是维持手感的方法，调整心态、查漏补缺才是这段时间最重要的任务。在过完考前必背或是必看知识后，保持好心情才是最后冲刺高考的秘诀。当然，放松不是放纵。即使是最后的日子，也要做好充分的准备，不要让最后的松懈毁了我们高中三年的努力。

我的高三成绩相较于高一高二有这么大的提升，我想这归功于我在这段时间里找到了适合自己的学习方法和学习节奏。“跟着老师的教学进度，上课认真听讲”是非常有用但时常被同学们忽略的方法。老师的教学规划是经过深思熟虑的，是适合绝大多数同学的，而且听老师讲课能让我们注意到平时可能会忽略的知识点，同时老师的一些解题方法也可能会给我们以后解题提供思路方向。另外，错题本真的十分有用。错题本可以记下经典错题和自己经常忽略、用错、混淆的知识点，方便及时回顾。错题本记录的错题要经常看看，平时有空的时候可以翻一翻，这样更能加深对知识点的理解，也可以更清楚地知道自己什么地方容易出错，这样在考试的时候就更容易引起警惕。除此之外，平时就要做好“考前必看”清单，里面可以是经常错的知识点，可以是某道错题，可以是难背的古诗文，也可以是错字或者平时经常“粗心大意”犯的错（涂错卡等）。总之，这是一个提醒自己考试尽可能不要犯错的清单，不用太长，但要能充分起到提醒自己的作用。

还有一个平时很多同学容易犯的错误，就是做题的时候答案尽量不要放在手边，防止自己做一道题看一道题的答案，这会影响自己考试时的做题自信心，尽量做到做完全部题目再去对答案，反思自己，这样才能找出自己隐藏的问题。

十年寒窗苦读，只为今朝扬帆起航。高中的时光是紧张、充实且快乐的，祝愿所有努力的深中学子都能考上自己理想的大学，拥有光明的前程和未来。也祝深中再创辉煌，我永远因我是深中人而感到骄傲和自豪。

深中学子 | 邱炜琦

每个不懈追寻梦想的人，都是英雄

2022届高三（18）班毕业生，被纽约大学哲学专业录取。

教师评语

炜琦是同学们口中的“纯粹的哲学家”，正如他的称号一样，他是个善于思考，观察世界，并主动热忱地和老师、同学一起交流他的所思所想的大男孩。不管是在微积分还是在西哲课堂，他一直是最积极的讨论者，也是最耐心的倾听者。高中三年，经常能看到他面带微笑，眼里带光，随时随地进行各种学术讨论的场景。同时，他也利用课外的时间参加各种学术研究，并完成了十万字的研究论文。在他身上，你可以看到对学术真诚的热爱和追求的完美呈现。

在深中自由多元的学术之风吹拂之下，炜琦坚定地选择了哲学作为自己的大学专业方向，祝福炜琦在自己热爱的学术道路上勇往直前，自由驰骋。

——班主任　王奕君老师

是的。大家没有看错。这是一个关于阶段性梦想破灭的故事。是一个深中国际部学子经过三年努力，却最后仍拿到21封美国大学拒信的故事。但是，这并不是这个故事的全部。因为，人的意义并不是由冰冷的结果决定的，而是关乎于人的经历本身。我想，这样的理想主义，这样的不懈坚持，应是深中精神的一部分。

高一刚进深中国际部的时候，我便有了一个伟大的目标，一个远大的梦想，这个梦想太过远大，以至于我身边的人都觉得它遥不可及。是的，我想要拿下US News（《美国新闻与世界报道》的美国大学排名）皇冠上那颗明珠，那个美国排名第一的大学，成为深中历史上，第一个被普林斯顿录取的学生。我，想去读它的哲学系，成为和伊曼努尔·康德（Immanuel Kant）一样伟大的人。

我尤记得在第一节升学指导课上，君君老师，我的班主任，也是我后来的升学指导，在听到我的梦校后，微微一笑，说："炜琦，我鼓励你去尝试哈。"我想那应是一种真切的鼓励，不过，谁都知道，那是极难的。

其实，要说我那时的能力，实在是配不上这伟大的目标。在高一的Pre-Ap Language课上，在我优秀的同学们和外教Colin老师谈笑风生的时候，讨论罗密欧与朱丽叶的悲剧内核时，我这个只有中考英语水平的学生，只能对着大文豪莎士比亚那一行行句子发愣。我与一个文盲似乎并没有多大差别。戚贵金老师将一周本应需要五节课才能讲完的内容压缩为两节，令我大脑发昏。哪怕是高考数学的必修，我也是颤颤巍巍，如履薄冰。唯一能让我感到安慰的，便是我在历史和语文上独一无二的才华，课上口若悬河，引人入胜，课下亦是滔滔不绝。那时，深中国际部人人最为担忧的GPA（平均学分绩点，用来评价学生的学术能力），就像法国大革命时期的断头台上的大刀一样，悬在我头上，好像随时都要把我劈为两段。

但我并没有放弃。我觉得有一种内在的力量在推动着我前进。我总是告诉自己：一个伟大的哲学家，是不会轻易低头的。我自知自己并非天才，要花许多时间在理科课程的概念的理解上，而至于英语，更是要慢慢提升，弥补差距。三年来，每到中午或下午自习的时候，我便会出现在各个办公室的门前，找各个学科的老师询问各种各样的问题。对于各门理科，我总是会把所有碰到的问题先抽象为哲学问题，并予以哲学解释，让我的哲学观念与这些问题达成统一。至于英语，我那“朴实”的写作和破碎的口语，自然不用多说。如今想来，老师们对我实在是非常耐心，甚至可以说是不厌其烦。最典型的，戚贵金老师从高一的化学到高二的AP化学，应该已经忍受了我无数次奇怪的质询：“啊，这不符合哲学！”但她却总是耐心地一遍又一遍给我讲解，并从我的角度出发，来进行阐述和解释。至于其他的理科老师，譬如高二教我AP微积分的黄伟聪老师和高三教我AP统计的陈婷静老师，也是以极大的包容心对待我各种奇特的问题。而最重要的英语，我的三位外教，Colin、Liam和Phill，也是给我悉心指导，对我的每一篇Essay细细点评，指出我的弱项。对于我的哲学事业，哈佛大学毕业的Edith老师甚至为此开设了西方哲学课程，在深中推广哲学这一伟大的学科，这实在是前所未有的，甚至闻所未闻。

终于，在我坚定的意志力和老师们的全力支持下，我保护住了我的GPA，位列体系前5%，终于称得上一个深中国际部的“高材生”了。然而，这对于普林斯顿来说，仍然远远不够。因为申请国外大学，实际上面前有三座“大山”，GPA、标化、活动和奖项。学校的GPA不过是第一项而已，后面两座“大山”才是最难撼动的。

尽管国际部的外教们对我倾力支援，从高一到高三，凭借着自己的努力和他们一次又一次推荐，我一直待在最高级的英语班型，从Colin的Accelerated Pre-Ap Language到Liam的AP Language，再到Phill的AP Literature，但英语仍始终是我的弱项，而这对我的托福分数造成了最直接的阻碍。高一，在我的同学们考110分以上甚至将近满分120分的时候，我的托福只有凄惨的90多分。我几度陷入绝望之中，觉得自己实在难以完成这艰难的考试。就在这样的时刻，我那些优秀的、有着极高分数的同学们，总会走过来告诉我：“你这样有才华的人，岂会对付不了这样一个小小的考试。慢慢来，总有出分的一天。”就这样，我和托福考试的举办者ETS日夜奋战，最终获得了115分的满意分数。同时，在我不断付出之后，AP考试的举办者College Board也给了我许多5分的满分。虽然我不了解其他人的经历，但至少于我而言，我在深中国际部所遇见的绝大多数同学，都是真诚而有爱心的，有着崇高而伟大的品格，他们善于发现他人的优点，将自己所知倾囊相授于需要的人。在我看来，这也是深中学生应有的特质。

至于活动，那才是让人不眠不休的任务，也是最让我自豪的部分。平时各种research项目的paper一篇接着一篇，夏校的作业一个连着一个。但是，于我而言，这却并非十分痛苦，而是一种充实的感觉。我只感到自己无限的才思在Word文档里流动，在PPT上显现，在Excel上跳跃。就是这样，我在高二获得了美国斯坦福人文夏校（Stanford Summer Humanities Institute）、卡尔顿人文夏校（Carleton Summer Liberal Arts Institute）、爱荷华创意写作营（Iowa Creative Writing Studio）等大家所认为的“顶尖”项目的录取。我依然记得在卡尔顿人文上课期间，三天之内对自己的论文修改了八稿，凌晨三四点钟与和蔼的老教授谈论马基亚维利（Machiavelli）和蒙田（Montaigne）的伟大思想。是的，我终于和我优秀的同学们一样，也成为能用英文谈笑风生的那个人。

宿命的钟声敲响了，申请季开始了。然而，走到了命运的交叉口，我却退缩了。那个隐藏多年的低沉的声音，还是在我耳旁响了起来：“深中学生是不可能被普林斯顿录取的。”而且那时候，我正巧对另外一所极喜爱的、同样顶尖且对深中友好的大学——芝加哥大学产生了向往。于是，我修改了早申请目标。我精雕细琢，把申请文书给所有的老师（无论是外教还是中教），看了又看，改了又改，和君君日夜讨论，不断打磨。最后，我胸有成竹，提交了申请。我那时天天幻想着，在我打开芝大决定的那刻，屏幕上将会彩旗飘扬，一个大大的“Congratulations”映入眼帘。那时候我觉得，我是如此的优秀，芝大非我莫属。

当然，就如大家所预料的那样，我被拒了，涕然泪下，要不然这个故事就是个彻头彻尾的喜剧了。

于是我在慌张之中，继续我的常规申请。这次，我不再犹豫，我向普林斯顿，以及其他的二十五所大学，信心满满地递交了个人资料。然而，一封又一封的拒信像纸片一样飞来，令我伤心了一次又一次。然而，我却总是抱有希望，因为我对自己的实力有充分的信心。哪怕是纽约大学的offer到来的时候，我也就是微微嘴角上扬，心里仍想着再过一天常春藤就要出结果了，自己定能拿下一城。

然而，现实再次让我失望了。常春藤八校，除了我没申请的耶鲁之外，有六所都给予了我拒绝的决定。在那天我即将晕厥的时候，我打开了普林斯顿的结果，是一个 waitlist（候补录取），这将我从崩溃的边缘拯救了出来。对我而言，它是一种肯定，肯定了我三年来的努力。后来我知道，在深中这一届人才中，的确出了一个普林斯顿，尽管并不是我。我也曾后悔过自己为什么没有遵循最初的理想，早申请普林斯顿，说不定就是另一个结果了。但是对于现在的我而言，这已经不重要了。因为，过去的，就已经过去了。在奋斗的这个过程中，我已经得到了我想得到的。毕竟，在申请大学这件事上，英雄不论成败。而我，也将在纽约大学这样一所同样十分出彩的大学中，开启人生新的篇章，追寻我的哲学家梦想。

这就是我的故事，一个普通而又不同凡响的深中国际部学子的故事，一个真实的故事。在这三年中，我遇到了许多极好的、令我感念终生的人。我希望，每个人的理想，都能如康德所喜爱的灿烂星辰一样，熠熠生辉。因为每个不懈追寻梦想的人，都是英雄。

深中学子 | 蔡楚晗

漫长而曲折的道路

2022届高三（2）班毕业生，被上海交通大学电子与信息学院录取。

教师评语

蔡楚晗是一名儒雅随和的学生，处事不温不火，有大智若愚的气质。他乐于助人，善于处理人际关系，有较强的团队意识与合作精神。投入物理竞赛取得佳绩，高考学科成绩也很优秀。他常与同学谈论国家大事，讨论学术问题，虽然学习紧张，但课余兴趣爱好仍很广泛，高一时积极参与游园会等实践活动，取得不俗的成果。与同学结伴远行，随行小记《西行漫记》透露出他对人生哲理的思考。三年时光匆匆，祝愿已进入大学的小蔡同学笃定前行，不负时光。

——班主任　曾劲松老师

Yesterday

回首高中的点点滴滴，仿佛还发生在昨日。深中高中的三年时光是如此丰富多彩，以至于用“丰富多彩”这四个字来概括都显得有些无力。在这里，我在学海中泛舟远航，结识了志同道合的挚友，坚定了心之所向的理想，也对一些宏大的命题逐渐有了自己的思考。这三年的点点滴滴，从各个方面塑造了我，也让我更加成熟。

Carry That Weight

作为学生，学习始终是我们肩上的重担。而要想在学海中泛舟远航，正确的学习方法正如船帆一样必不可少。对于我来说，最重要的学习方法当然是错题整理。

高一高二时，我对“错题整理”的理解还停留在“将错题摘抄到错题本上”这一层，只把数学、物理的错题打印下来夹在一起做了一个象征性的错题本，并没有归纳共同错因，这样的坏处就是错题本可能会有上百页，考前复习需要占用大量时间且非常低效。进入高三以后，学习任务的增多也意味着错题的增多和错题整理时间的减少。为了尽可能高效利用时间以起到事半功倍的效果，我总结了一套完整的错题整理方法。不仅数、理、化、生这些理科可以进行错题整理，语文和英语这样的文科也可以整理错题，在系统整理错题后，不但我的考前复习效率发生了质变，而且我也很少重复犯错。

错题整理的重要性无须多言，那么如何整理错题呢？首先，整理错题的最好工具是活页本，它可以帮助你将同类错题归类整理。其次，每科的错题整理有不同的注意点，以下我会一一阐述。

语文

语文是一个分题型的科目，不同的题型有不同的整理方法。

（1）论述类文本阅读、文学类文本阅读、诗歌鉴赏这些题型均以问答题为主，每当你遇到一个以前从没见过的问法或不知道如何下手的问题，可以将题干和标准答案分点抄在错题本上。注意：不必抄原文，因为你学习的不是那些结合原文答的部分，而是学习如何搭建答题结构。比如，比喻的鉴赏，运用比喻手法＋把……比作……＋生动形象＋写出了……＋表达……情感＋有……作用，就是一种可以借鉴的答题结构。

（2）语言文字运用：语言文字运用以知识点为主，可以把一些易错的知识点（比如，冒号的作用等）抄在错题本上。

（3）文言文阅读：文言文阅读强调的是对关键虚实词和文言句式的积累，所以可以将原句和标准翻译写下来，并标注“踩”分点、虚实词、句式。

（4）作文：一方面要积累好句子（比如，“云程发轫，万里可期”这种凝练的四字词语），另一方面要把自己在写作文时易犯的错误（比如，开头忘记扣材料、正文忘记举例，忘记写信/演讲稿格式）简练地记下来避免再犯，做到行文的标准化。

英语

英语主要分为三种题型：语法题、阅读题（阅读、七选五、完型）、作文题。

（1）语法题：将不同的语法错题按知识点分别总结，不同的语法点对应不同的错题。

（2）阅读题：将原文和题干剪贴到错题本上，附上错因和答案解析，重点是要找语感。

（3）作文题：一方面整理好词好句，另一方面将易犯错误（比如，写信忘了“盼复”）简练记下来（和语文作文类似）。

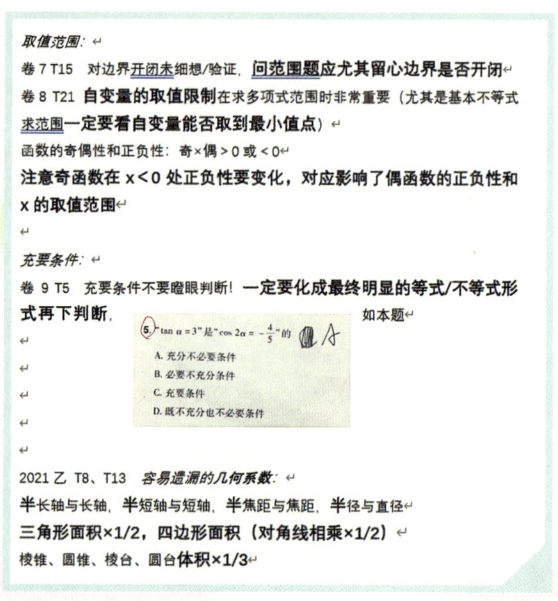

取值范围：

卷 7 T15　对边界开闭未细想/验证，**问范围题应尤其留心边界是否开闭**

卷 8 T21　**自变量的取值限制**在求多项式范围时非常重要（尤其是基本不等式求范围**一定要看自变量能否取到最小值点**）

函数的奇偶性和正负性：奇×偶＞0 或＜0

注意奇函数在 x＜0 处正负性要变化，对应影响了偶函数的正负性和 x 的取值范围

充要条件：

卷 9 T5　充要条件不要瞪眼判断！**一定要化成最终明显的等式/不等式形式再下判断**，如本题

5. “$\tan\alpha=3$”是“$\cos 2\alpha=-\frac{4}{5}$”的

A. 充分不必要条件

B. 必要不充分条件

C. 充要条件

D. 既不充分也不必要条件

2021 乙 T8、T13　*容易遗漏的几何系数：*

半长轴与长轴，**半**短轴与短轴，**半**焦距与焦距，**半**径与直径

三角形面积×1/2，四边形面积（对角线相乘×1/2）

棱锥、圆锥、棱台、圆台**体积×1/3**

数学错题整理

数学、物理

首先将错题分两类，一类是方法不会（不会做的题），另一类是方法会但因粗心错的题。

（1）对于不会做的题，将这些题的题干和标准答案抄下来，并从中概括一些可以泛用的方法（比如，圆锥曲线的设而不求、多项式解耦、条件翻译等），通

过不断地积累，将不会做的题变成会做的。

（2）对于粗心错的题，因为粗心往往是一些同质化的错误，将这些题的错因用简练的话概括出来并总结到一块（比如，集合看清楚交集还是并集等），每次考前就重点翻这些总结。

化学、生物

化学和生物知识点偏多，对应的就是记忆性的东西。所以最好把错题对应的知识点分章节摘抄到一起，便于考前复习记忆。

With A Little Help From My Friends

来到深中高中部这个全新的环境，忐忑与不安自然不必言说，幸而我结识了许多志同道合的好友，结伴同行度过三年时光。不过我这人向来不太正经（笑），经常相约三五好友组织一些有意义或者没有意义的活动。

高一上学期，我无意中看到了深中游园会招募摊主的公告，不由得心血来潮想要参与一下。和几个好朋友一商量，我们决定发挥物化竞赛班的特色，定名为“物竞天择，出神入化”。

我们精心设计了笔记本、文件夹、帆布袋等文创产品，还尝试了不同种类的物理和化学试验，制作了对应的实验套件（不过销量惨淡），更有班主任曾老师亲自出马现场答疑。由于摊位位置不尽如人意，我们还四处分发传单、在主路上立海报宣传，最后如愿以偿收获满满。从策划、设计、进货、宣传、推销，到最后的小组聚餐，靠自己的努力实现“第一桶金”，这是只有在深中才能实现的独特体验。

从高二期中考试后一起看完的《指环王》三部曲，到饯别三位提前进入大学的同学送别会，到高三下课靠在走廊护栏上的谈天说地，到晚自习下课后的操场夜跑，再到疫情封校47天结束时的聚众“轰趴”……一切都镌刻在记忆深处，抚慰一颗离校的心。

高考结束以后，我们几位同学商量，决定去川渝组织一次特别的毕业旅行。离开家庭的怀抱，我们独立规划行程，自己预订住宿和交通，在都江堰奔流的河川上、峨眉山巅壮丽的星空下、解放碑绚丽的灯光前留下了自己的足迹。

从功利的角度，深中的同学圈是你将来最宝贵的财富之一，但更多时候不必如此功利，高中三年，纵使“路漫漫其修远兮”，若有好友能互相扶持、一起前行，就算再苦再累，也能甘之若饴。

Across The Universe

有人说：“深中的生活太精彩，以至于怎么过都是浪费。”深中的一大特色就是各具特色的社团和繁多的社团活动。高中三年，最让我印象深刻的还是深圳中学天文社的一些活动。

高一下学期，我在观察日偏食的社团活动中认识了当时天文社的沈卓玥社长和李文楷副社长。当时正值新智彗星NEOWISE（北半球迄今可观测到的最亮彗星之一）在其三千年的公转中抵达近日点，我们仨决定一睹其究竟。好不容易在连绵的阴雨天气盼来一天晴朗，我们却失望地发现彗星的方向正好被一栋高楼挡住了。但是我们并没有气馁，在向某位不愿透露姓名的zry同学借到这栋高楼楼顶的钥匙后，第二天“卷土重来”（绕过一栋高楼的最好办法就是登上它），最后我们如愿以偿，一瞥这宇宙间的千年之约。高二下学期，超级大月亮遇上月全食，在班主任高丽红老师的支持下，我把家中的天文望远镜搬到了新校区，观察到从高楼中间升起的红月亮。

刘慈欣曾写道：“有人满足于老婆孩子热炕头，从不向与己无关的尘世之外看一眼；有人则用尽全部生命，只为看一眼人类从未看过的事物。”正是在这几次“仰观宇宙之大”的天文社团活动中，我有幸一睹独属于星空的崇高和美妙，从而坚定了心之所向的航天理想。

这首在天问一号着陆火星时创作的小诗可以表达我的心情——

渺小如尘，心怀天地

太阳诞生于沉寂的云团，
明月隐没于白昼的湛蓝，
群星璀璨，
日夜轮转，
超新星在绚烂的爆炸中崩离四散。

唯有热力学的熵值增长不断，
一切终将归于黑暗。

但不必失落，不必遗憾，
渺小如人类也能破解自然，
用感性的理性把世界遍观。
人的生命无常变幻，
宇宙的奥秘没有彼岸，
以有尽的生命探索无尽的答案，
可敬，可叹。

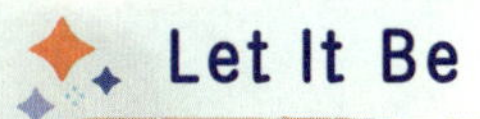

Let It Be

高中三年，挫折和失落是在所难免的，尤其是充满紧张和压力的高三。我相信“明明努力过了却没有得到应有的回报”是每一个同学要经历的精神险关。经过深中的学习和努力，如何在得到不尽如人意的结果后快速调整自己的心态，我有一些小小的拙见。

高中三年的拼搏，痛苦吗？确实痛苦。有遗憾吗？确实有遗憾。或许结果并不如人意，或许努力与收获不成正比，或许因为一个失误导致差之千里，但为了将这些内心的包袱转化为亲切的怀恋，我们必须抛弃一个固有的成见：“努力必须有回报”。这是“虚无主义”吗？我愿称之为“乐观虚无主义”，这是从结果导向转为过程导向的心态。只有放弃对结果的执着，坦诚地承认努力不一定会有好结果，转而关注奋斗的姿态，才能够实现内在与外部世界的和解。借用西西弗斯神话来说，就是追求的目标不再是把石头推到山顶，而是面对反复跌落的巨石仍然能保持热忱和斗志。不去期望自己能逆天改命，不去期望自己的善良和努力会得到某个神仙的赏识和奖励，而是用内心原则和自由意志做出乐意至极的选择。

我们之所以踏上一段又一段的人生旅途，不是为了抵达哪个终点，而是为了在跋涉的过程中让自己的人生不再碌碌无为，更加充实、更加满足。这是更纯粹的、摆脱了功利从而更有尊严的善良。只有在过程中“尽人事”，在结果面前“听天命”，顺其自然，无问西东，“那过去了的，就会成为亲切的怀恋”。

The End

深圳中学不仅是学习上的“象牙塔”，更是一个广阔的平台，在这里，丰富的活动可以让每位同学都张扬自己的个性，从而实现真正的全面发展。

在深圳中学高中部学习的这三年里，我学到了很多，经历了很多，成长了很多。谨以这一点点琐碎的回忆与感想，向母校，向教给我知识和为人处世之道的恩师，向结伴同行的同学和挚友，致以最真诚的谢意！

深中学子 | 刘星麟

无法忘记的一抹青春之绿

2022届高三（17）班毕业生，被复旦大学新闻系录取。

教师评语

稳稳的，话语不多，为人低调，不事张扬，从不人云亦云，必须经过斟酌思考再做出决定。表情不丰富，眼睛却是溜溜的，会表达情绪，会盘算，知道高三是个节点，会排除万难，全情投入学习中。时间的安排，疫情封校时生活的节奏，都掌控有度。所以，面对如此难的高考数学也能计算到自己可得分的部分，镇定自如地完成高考。他给了自己一次蜕变的机会，是高考的赢家。“星”是黑夜里明亮的星星，“麟”是祥瑞，前程似锦；“星麟”的名字寓意欢乐、胸怀宽广、人缘好，这是他父母的希望，也是我们的祝愿。祝愿他在新的天地也能好好盘算人生之路，有空常回深中看看！

——班主任　汪健老师

作为一名深中学子，很荣幸能分享我与深圳中学的故事。我的文章将分为两个部分：高考备战经验和杂感。

一、高考备战经验

1. 保持沉稳、冷峻、乐观的心态

心态往往能帮助一个人在最危难的时候挺过难关，却又往往能在一个人最无助的时候成为压垮他的最后一根稻草。在关键的高三，我频频遇到问题：整个高三时期身体一直有所不适，咳嗽、牙疼、失眠、感冒轮番袭来；我的成绩在高考以前不甚出色，一直处于历史方向的中游水平；数学虽然是我花费时间最多、绞尽脑汁钻研的学科，但是却迟迟不见令人满意的成绩……这样的艰难险阻不胜枚举。

那为什么我没有倒下，仍然能在高考考场上坦然面对试卷、面对自我？因为我坚信，我的未来是光明的。

为何？首先，我在深圳最优秀的中学学习，有最优秀的老师和同学与我同行，拥有最充裕的资源，堪称“梦幻开局”。其次，我已经在三年前的中考证明过自己，自身实力也毋庸置疑；最重要的是，我为了高考奋斗了一年，一年的青葱岁月在备战高考中度过，我已经竭尽所能，高考就会是我最佳水平的展现，到最后，我只需要将我用一年时间挥就的“艺术品”自信大方地展现出来，便能不留遗憾。

2. 保持谦逊的心态

拥有乐观的心态必不可少，可这必须以实力为基础，进而又牵涉出一个问题：怎样提升自己的硬实力？靠孤军奋战、闭门造车固然不可，唯有将自行修习和向他人学习结合起来，才能真正有所获。这里我想以我的亲身经历为例。

数学

高三以前我常常以刷题麻痹自己，认为自己的数学不够好就是因为做题不够熟练；高三伊始，我听了学长学姐对高三学习的理解，明白这是“假学习”，于是我找到了数学老师，认真分析了我的试卷，发现很多失分都是由于基础漏洞造成的，于是我改变了学习方式，一轮复习课上我认真听讲，将

所有的漏洞都堵上，并有针对性地进行训练。虽然自一模以来大考数学没上过130分，但至少基本都能稳定在120分以上。同时，高考前的自主复习阶段，我在与老师沟通和自我反思的基础上调整、制定了一套每天限时训练的方案，并加以落实，多次自我模拟测试的成绩都提升至130分。

英语

高二时，我的英语是比较差的，而且也很少与老师沟通，不知道问题何在的我度过了迷茫的一年；距离高考还有100天的时候，我终于鼓起勇气去与老师进行沟通。令我意外的是，我的老师Susan并没有直接指出我的问题，而是引导我从作业、试卷中找问题，并寻找解决问题的方案，于是我开始针对性地滚动复习词汇、语法，并纠正做题习惯、定期面批作文，我的英语成绩一步步攀升，从最初的低于110分一直上升到高考的141分。

无论是数学、英语，还是尝到甜头后找了老师帮忙的历史、语文，这些学科的成绩在高考中都没让我留下遗憾。我既然已经与拥有丰富备考经验的老师进行了深入交流，那么我的学习路径必不会有所谬误，继而路的远方就是无限光明。这就是当下的实力和将来一定更强大的实力所带来的坚不可摧的自信。

3. 保持一定的个性

学长与学弟学妹分享的只是个人的观点、看法，的确适用于学长自己，但也许并非适合每一位同学。有一些问题也许曾经抑或将会困扰着各位，比如：该不该在空闲时间看小说？该不该在高三谈情说爱？该不该在周末放松一下？该不该每天运动？该不该保持自己的兴趣爱好？该不该花大量时间复习错题本？我的答案是：适合自己的才是最好的。我们每个人对自己了解得最清楚。经过验证有用的习惯、方法加以保留；对你有所困扰、不见成效的不妨先放在一边。

二、杂感

虽然我能在参加高考前重拾自信，但是我的成长历程并非一帆风顺，也曾经历过风雨与晦暗。高三以前，我喜欢将自己封闭起来，与世隔绝——很庆幸深圳中学是一个包容的地方，容得下我这么一个性格孤僻的人。进入高三以后，我被周围男同学的热情和博学所动，逐渐开始尝试融入男生的圈子，发现他们热爱读书——他们都是鲁迅、雨果的忠实粉丝；他们博学古今，畅聊马克思主义，探讨《资本论》；他们热情高涨——在宿舍齐声高唱《国际歌》，他们绘声绘色地描绘理想世界的蓝图，一同厉声批判、嘲讽社会的种种黑暗；他们正义无比——声援那些为世界和平而奋斗的各国人民，不遗余力地宣传人类所需要但仍缺乏的一切光辉品格；他们珍视友情——在宿舍为每一位即将满18岁的男孩献上生日祝福……虽然最终我们各奔东西南北，但是他们的博爱、善良、正义凛然和满腔热血已经成为我脑海中永远无法忘记的一抹青春之绿。高三伊始，我还是愁容满面、内心阴郁、毫无希望的落魄少年，高三结束，我已经成为自尊自爱的“深中人”。

回想这一切，我明白，如果我没有进入深中，恐怕我早已甘愿堕入黑暗；如果没有深中的同学，我可能还继续沉浸在自己的苦难中无法挣脱；没有这些思想有深度、有温度的同学，我可能还将继续麻痹、无知下去。没有深中，就没有如今内心强大、自信满满的我。深中的同学和老师没有放弃我，那么我也不会放弃自己和自己的未来。

愿深中和所有的深中人都能拥有锦绣前程，愿我的同学们能在将来施展抱负、指点江山，愿我自己能保持这样一颗不悲观的心行走在人生路上。

第二章

校园生活篇

——筑梦晒布岭，守望凤凰木

很多同学在各种场合都提道：“深中的生活太精彩，以至于怎么过都是浪费。”在深中有太多难忘的回忆：难忘的晒布岭，难忘的凤凰木，难忘的军训，难忘的学长团，难忘的社团，难忘的单元节，难忘的第一次考试，难忘的生涯历奇，难忘的“校长杯”，难忘的游园会，难忘的十大歌手比赛，难忘的国内外学术活动……文字记录时光，青春永不散场，他们用自己的故事为三年的青春生活作注脚，将那些欢笑流泪、拼搏奋斗的日子在深中定格。

深中学子 | 南之涌

三载时光，三种精彩

2022届高三（17）班毕业生，被北京大学元培学院录取。

教师评语

同学们心中的明星，封号“南神”。高三临危受命，担任语文课代表一职，每天在一楼与四楼上下穿梭，肩负资料运输和上传下达的任务，是语文组最活跃的身影，因为是朝鲜族，老师奉送雅号“欧巴”。“欧巴”使命必达，执行力极强。

高三一年从不适、犹豫、彷徨，到沉淀、稳扎稳打，最后一鸣惊人，高考一战“封神”，一路走来，全是故事。成为“省状元”后不仅自己成为焦点，就连居住的小区、看过病的医院，都成为“福星”照耀之地。

高考一战“封神”的偶然中含着必然，这里有兴趣爱好与积淀，他对文科的偏爱不受任何因素影响，爱我所爱，阅读广泛，博学多能，思考深刻，“兴趣是人生最好的老师”；遇到挫折时能沉心静气，接纳意见，保持自己的节奏，尤其“大战”来临前淡定从容，堪称“南神”。

人生一半是清醒，一半是释然，不念过往，不畏将来，愿今后的日子阳光灿烂，世事温柔！

——班主任　汪健老师

犹记得当年看到2016年深圳中学宣传片《你会有什么样的选择？》之时，心底的那份激动与憧憬。从那时起，我便把考上深中作为我的目标，后来我也有幸考上了深中，在深圳中学度过了难忘的三年时光。

回忆这三年来的点点滴滴，我发现，在深中取得的成绩固然令我终生难忘，但比起成绩，我更加珍视的，是三年来在深中的时光，是深中独特的生活与环境。高一、高二与高三，我活出了三种不同的精彩。

高一：探索

初入高一时，我深深地被深中丰富多彩的校园生活所吸引。从入学时的“学弟学妹早上好，请往这边走”的温暖话语，到异彩纷呈的“百团大战”，再到几乎每个晚自习课间都有的社团和学生组织招新宣传，一切都与我曾经的校园生活截然不同，充满着活力与新鲜感。那时，满怀激动而又略显懵懂的我，一门心思扎进了社团和活动的海洋中。我加入过模联、Torchlight通识社、先锋、棋社、书法社，和朋友们组队打过校内辩论赛，当过游园会舞台表演的主持人，写过泛珠三角高中生模拟联合国会议（PPRD）的背景文件……

可以说，我的高一，一半是学习，一半是探索全新的生活。

在高一的探索阶段，最难忘的时光，第一段是在Torchlight通识社。这个社团营造了一种自由、包容的氛围，鼓励社员们参与人文社科话题的讨论。进入通识社后，一大堆新鲜的人文社科知识扑面而来，仿佛为我打开了一扇新世界的窗户。在和社友的交流中，我逐渐学会理性地看待言论与发表观点，学会包容异见，学会辨认媒体信息的真伪。在这里，我还认识了许多志同道合、个性鲜明的朋友。他们有的热心于校园公共事务，有的将学生组织打理得井井有条，有的在哲学层面颇有造诣……在通识社认识的这些人，成为我三年的朋友，我们共同创造了许多难忘的回忆。

第二段难忘的经历是高一下学期的PPRD2020。虽然我曾经参加过一些模联会议，但作为学术团队成员策划一场模联会，这还是第一次。当时我们紧跟时事，以2020年欧盟疫情为背景设计会议，找资料、写文件、改文件，成为这一段时间的主旋律。

写背景文件是一项极具挑战性的工作。我们在对欧盟运行机制、欧盟成员国国情与全球疫情形势了解甚少的情况下，要从海量的资料中提取出有效信息，用严谨的语言组织成文，可以说，查资料和写文件的过程，几乎相当于一场对欧盟知识和疫情知识的深入学习。《申根协定》《欧洲联盟条约》《都柏林公约》，这些文件我仅是听说过名字，而为了写出一份合格的背景文件，需要去深入研究其中的内容。这自然是一项工程量极大的工作，学团成员们的无数不眠之夜也随之“诞生”。然而疲惫之外，接触这些全新的知识，让我对欧盟、对疫情有了更深刻的认识，也让我惊叹于人类的政治智慧，一种收获知识的喜悦油然而生。

作为新手，我不可避免地对自己的控场能力和学术能力有所担忧，但是在学团成员的共同努力、模联“大佬”的指点和代表们高水平的发挥之下，会议的结果也较令人满意。回想起那些备战的日日夜夜，看着代表们为了各国与欧盟利益各抒己见，我也逐渐领会到，“吾等联合国之子民，为更美好之世界而联合”，不是一句空洞的口号，而是模联人正在用纯粹的理想主义精神与稚嫩的双手去尝试实现的。

高一精彩的探索之旅，有时也会令我感到精力不支，感到学习上有些跟不上，让我对一些冲动之下做出的选择感到后悔，但这一段忙碌的日子里，我拥有着前所未有的充实感。倘若来到深中这样一个五彩缤纷的学校，却未曾有过这样一段任凭兴趣与激情指引我前行的探索之旅，或许我会抱憾终身。

高二：选择

我的高二是充满着选择的一年。有三个选择，在我的高中生涯中留下了浓墨重彩的一笔。

第一个重大选择便是选择文科。高一时，受到身边同学的影响，我学习的重心依旧在理科，报的课外班，刷的习题，都是理科的，但我的理想专业是历史，梦想着成为一名从事历史研究的学者，并且相比物理，我更加擅长学习历史。高一下学期网课期间物理成绩的回升，更加剧了我对选科的纠结。选择文科，可能意味着更窄的专业选择，更激烈的高分段竞争，以及对过去高一一年理化生学习的“否定”。但是最后，在我的“历史梦”的指引之下，在郭峰老师、任亚飞老师的鼓励下，我下定决心转到博雅班，进行文科学习。

转到文科，是我高中生涯的分水岭。在文科的学习中，我如鱼得水，从原先的年级一百多名跃升到前五名，更是在多次大考中取得年级第一的成绩。而比收获成绩更重要的，是收获了博雅班这个大家庭。班级的团建活动十分丰富，我们会给每一位同学在生日当天举办生日会，还组织过班级同学们出去炼铜。同学之间的关系也很紧密，尤其是男生，因为人数少而更加“抱团取暖”。

博雅大家庭

对高二的我而言，选择文科是一个无悔的决定。文科学习，让我树立起对自己能力与未来的自信，博雅班，带给了我无与伦比的温暖和集体感。当初选科时的所有纠结，都渐渐烟消云散。

第二个选择就是成为心智助教。从入学时听到学长团的“学弟学妹早上好，请往这边走”的那一刻起，我便下定决心要将这份温暖传递给下一届的学弟学妹们，于是在高一下学期我参加了学长团的面试，但很遗憾没有通过。不过高二上学期心智助教的选拔，又使我重燃希望，这一次我通过了面试。我和搭档设计心智越野活动，组织心智聚餐，认识了很多可爱的学弟学妹。写剧本、准备道具、跑图、组织聚餐，心智助教这项工作并不轻松，但看到学弟学妹们像一年前的我一样，在心智活动中结识朋友、收获快乐之时，我内心的幸福感油然而生。

心智小组的学弟学妹们，后来有许多都怀着与我当初一样的梦想，参加了学长团的选拔，成为学长团的一分子，在第二年的开学季向新生亲切问候“学弟学妹早上好，请往这边走”。这份薪火相传，也是深中校园生活独有的一种魅力。

成为心智助教，将深中的温暖传递给下一届学弟学妹，这个选择对我而言意义非凡。

第三个选择是报名成为社团的学术负责人。比起前面两个选择，这一选择伴随着一些遗憾。当我真正参与到社课的筹备与社团的管理时，我发现它并非如我想象的那般仅靠一腔热血便能做好，还需要很强的责任心、长期的付出、较高的办事能力和应变能力。

“百团大战”前夕，课余时间日思夜想的便是怎样摆摊。不断延期的游园会，让我的心宛如坐过山车一般大起大落。学习上日渐增加的压力，让我在提升成绩和社团活动之间手忙脚乱。这些事情让我切身体会到了社团经营的不易。当我们把社团交给下一届时，首先感受到的是一种“甩手掌柜”般的解脱，然后便是难以释怀的遗憾，因为最终并没有把社团经营得很好。

不过，无论结果如何，这份经历还是让我学到了很多经验，尤其是怎样平衡学习和社团。我想，选择承担一个社团的责任，真正自主地在社团中尝试干出一番事业，从付出与挫折中收获成长，也是我高中生活的一种精彩。

高三：蜕变

步入高三，我对自己充满信心，认为只要延续高二的学习方法，就能决胜高考。但第一次阶段考惨淡的成绩很快给了我当头一棒，高二长期积累下来的自信仿佛一夜之间灰飞烟灭。也是从那时起，我隐隐产生了一种对高考的条条框框的抗拒。虽然平日的课业任务都按时完成，但并没有全身心地投入高三的学习中。高三初期，我也很少去办公室找老师，只是沿着自己原来的路子去学习，完全靠自己去摸索高三的学习方法，在争分夺秒的高三学习中，这种模式显然效率低下。

雪上加霜的是，我的地理成绩始终没有起色，学习地理时也不得其法，甚至产生了对地理的畏惧感。到后来，甚至出现了写大题时因纠结而不敢下笔，导致没写完试卷的状况。

自信的丧失，对高三的抗拒，对自己既有的学习路径的依赖，成为我很长一段时间里挥之不去的阴霾。

非常幸运的是，班主任汪健老师非常理解我的心理困境。每一次谈话，她总能切中关键，帮助我减轻心理上的负担。她始终看好我的能力，鼓励我重拾自信，同时也告诉我，要紧跟老师而非独自摸索，这样才能提高学习的效率。她理解我对于高三的抗拒，但也告诉我只有全身心投入才能提高分数，对于我的地理学习，她希望我能回归基础知识，不被偏题、怪题带跑，同时放开手脚大胆下笔，不要被过去的阴影笼罩。

高三的后半程，在汪老师的指导下，我逐渐步入了高三学习的正轨。树立自信，回归基础，紧跟老师，这些看似朴素的建议越来越发挥出厚重的力量，尽管成绩仍有起伏，但我能感受到自己相比于高三前半程的变化，认识到自己能力的不断提高。

当我真正踏入高考考场之时，除了不走寻常路的数学卷子以外，对于其他五科的考试，我都有一种心中有底的感觉。我不断地告诉自己：自己的基础知识已经很牢固了，审题的能力也已经经过了千锤百炼，只要放平心态正常做题，我真正的能力就一定能得到检验。

最终，我考到了全省第一。

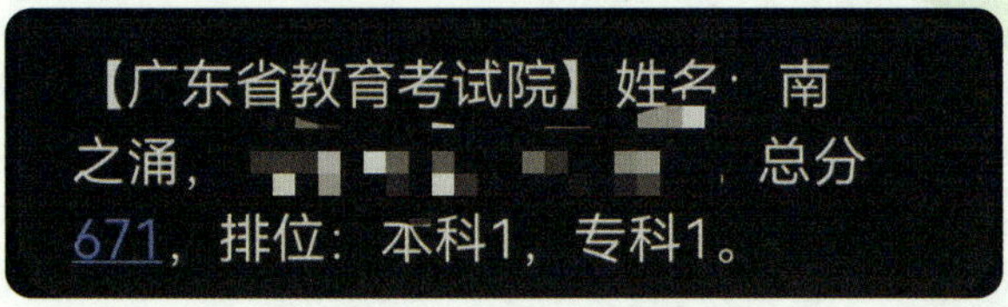

【广东省教育考试院】姓名：南之涌，[illegible]，总分671，排位：本科1，专科1。

高三这一年，从抗拒高三到接纳高三，从丧失自信到重拾自信，从畏手畏脚到坚定自我，从固守老路到学会听取他人经验，我的心智经历了从幼稚到成熟的蜕变。

四年前，有一句话令我印象深刻："翻过这座山，他们就会听到你的故事"。如今，某种意义上，我也翻过了我心里的大山，让许多人听到了我的故事。高三一年磨炼之后的蜕变，让我收获了优秀的成绩，更让我收获了一份长久的自信，或许，这段经历将使我在未来面对其他挑战之时，能够更加有底气。

曾有学长学姐说："深中的生活太精彩，以至于怎么过都是浪费。"而我敢自豪地说，我的深中生活未曾虚度。三年来的三种精彩，成为我生命中难以抹去的印记，以至于我现在每每忆起深中，都有一种黄金时代一去不复返的感慨。我想，只要在深中这个自由、包容、温暖而富有生命力的环境里，活出自己的精彩，便不是浪费这三年时光。

深中学子丨冯炜棋

荣耀深中人，我骄傲

2022届高三（3）班毕业生，被清华大学计算机与金融双学位班录取。

教师评语

冯炜棋，同学们公认的“六边形战士”，她的优秀是由内而外的，既有发自内心的热爱和进取，更有高效地利用时间、规划自己的学习和生活的方法，再结合自己不断反思与优化。真正的优秀不是别人逼出来的，而是自己和自己死磕，她的专注与不断自我超越的挑战精神，让她在多个领域有着突出的成就。

看到视频号有个评论说，她的眼里有星辰大海。确实，课上求知若渴的眼神，课下与同学开怀的交流，每一次的分享都能看到她对事物别具一格的看法。她总是面带笑容，以饱满的活力面对学习与生活，用心感受身边的一切。

拼搏追梦是青年的人生底色，“人生自定义”是每次在大考红榜上炜棋送给同学的寄语，在此也送给正在阅读本书的所有人，生命不息，奋斗不止，活出精彩人生！

——班主任　曾雯老师

山有顶峰，湖有彼岸，在人生的漫漫旅途中，我们与众人同行；星辰指引方向，云与光铺展成未来的模样，我们遵循着自己的信念，一切终有回甘。

“学弟学妹早上好，请往这边走！”那是2016年的盛夏，伴随着学长团学长学姐们的亲切问候，刚刚成为初中生的我第一次踏进深圳中学的大门。从此，这脚印历经六年的光阴，穿越西校的朗朗书声，迈入东校的巍巍邺架，涉足新校区的红墙迷砖，并最终定格在了晒布B303童话般的高三印记中。

深中的梦想与荣光，淬炼成我骄傲的铠甲。让我们搭上这时光的渡轮，一同逆流而上，听听我和深中六年的故事吧。

高三（3）·当执牛耳

梦幻的渡轮，从高三启航。

“2022，当执牛耳！”鲜红的“战旗”飘扬在B栋的楼梯口，伴随着每一位高三同学早读前匆匆的脚步和晚自习后三两成群的谈笑。

“战旗”下常有郭峰老师的身影，在那里他可以看到所有通往教室的楼梯口，也可以在早中晚的课前跟同学们打招呼、加油；雯雯子是我们的美女班主任，高三学年我每遇到成绩波动和情绪低落时，曾老师都会安抚我说“现在发现问题是好事呀，好好总结尽快优化”。董妈在数学课上，进可用高难操作和二级结论KO各种难题，退可细致入微书写满分答题过程；洛洛教我们面对“玄之又玄”的语文考试以不变应万变的策略，在作文材料和题干中快乐打滚；使用Lisa的英语练字方法，我两周即可炉火纯青，她爽朗的笑声仿佛能洗去所有的阴霾；还有最可爱温柔的小微，用耐心细致的教导让物理变得不再令人望而生畏。

再忆高三，固然难忘醒目的红色批注，难忘排名波动时的无措和沮丧，难忘高考时从静园走向教室的小路。但想起来会情不自禁微笑的，是课间打丢的无数个板羽球，是封校期间几场酣畅的羽毛球双打，是大考后的宿舍夜聊，既有绯闻八卦，也有人生理想，是每周六下午数学周测后终于可以回家，和老爸老妈出去大吃一顿，再去市民中心的花园里散步一整个晚上，是周日早上牺牲懒觉去参加游泳训练……

是啊，这一年，学习是主旋律。

1. 学习与优化

一轮复习：地毯式拉网和逻辑架构，饱和攻击，重在优化学习方法。

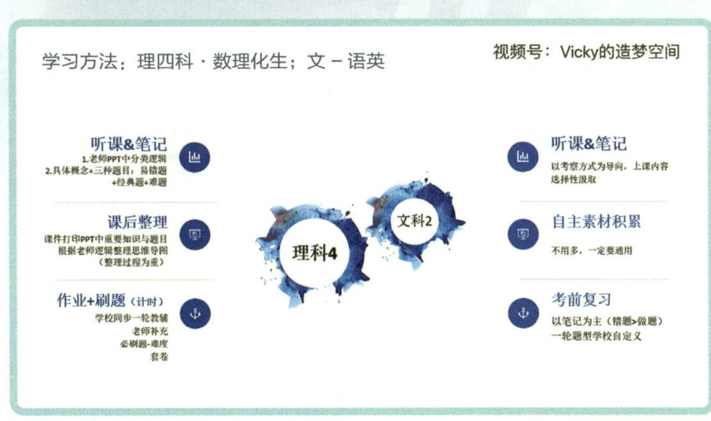

学习方法

值得一提的是，笔记和思维导图整理的关键是分类。其目的是，根据题干给出已知条件和求解结论的特点，判断题型，再检索学过的常见解题方法。以导数章节为例：

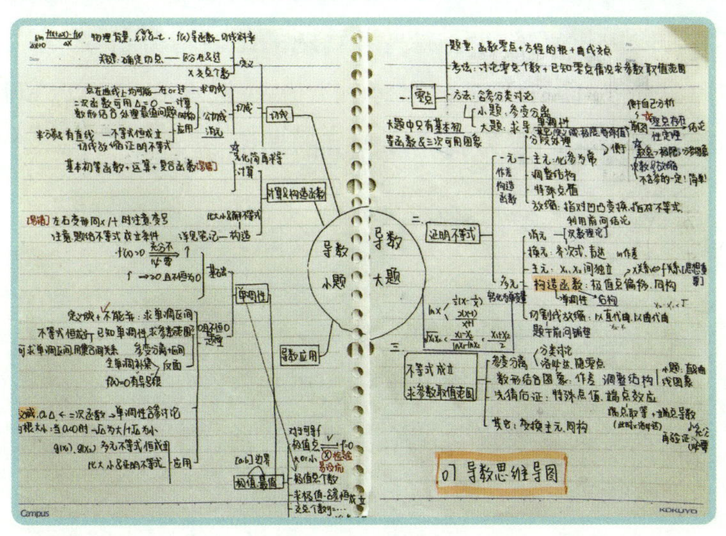

导数提纲

二轮复习：检验收效，套卷练习，重在制定各科考试预案，确保稳定地发挥。

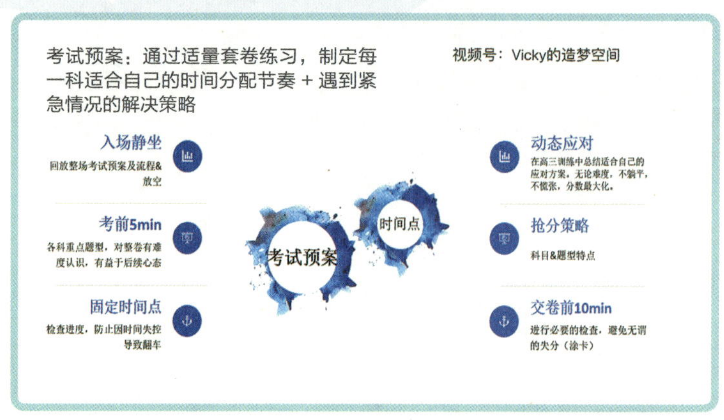

考试预案

2. 波动与应变

“高三的成绩不可能一直稳定”“考差了是好事”“要在失败中总结教训”……曾经四校联考的数学，立体几何审题出错求了另一个二面角，书写十余分钟的冗长过程推翻重来；一模的英语，才知道原来强势科目也需要每天分配一定的时间，否则也会生疏；二模的语文，弱势科目始终没有找到最好的方法，选择题又一次成了重灾区。于是我调整习惯，读题时立刻用蓝笔在图上标出二面角的棱与顶点，每天固定时间完成英语阅读和作文练字、背诵，在自主复习阶段重点安排语文高考真题的练习与分析……

当老生常谈成为金科玉律，当考试一次次把弱点毫无保留地呈现在面前，我很幸运，因为它们成为我迎接大战的铠甲。

高二（1）·行以致远

年轻不设限，成长正当时。

高二对我而言是崭新的旅程，第一次离开竞赛班四年的同学们，第一次离开晒布来到传闻中的新校区。在旅途的这一站，最难忘的是班主任张红兵老师组织的长途夜拉练。

“守正出奇”是高二（1）班的班训，“在事上练”是张老师的教育主张。高二学年每学期的夜拉练，我们会从下午四点半到晚上十点半，大部队从校门口出发，在银湖山郊野公园进行26公里拉练。

高一（16）· 学法精进

带着期望努力，日子格外有意义。

高一的关键词是“学法精进”，这既来自班主任李绍明老师的鞭策，也来自周围每一个同学的闪光。

高一（16）班在李老师“铁腕治理”下有效收起了竞赛生的锋芒。对于我的浮躁和自由散漫，他多次督促我在学业上投入更多时间和精力，要学习周天涵的努力、丁昱菲的沉稳、艾心玥的认真。在他的启发下，我开始认真关注和学习周围同学身上的闪光点，高一在学习态度和方法上的精进为我后续的学习奠定了坚实的基础。

这一年最大的收获是懂得了：深中的同学“粒粒皆星”，大家闪烁的时间或角度有所不同，共同辉映了深中灿烂的星空。

初竞（14）· 梦想启航

百围之木，始于勾萌；万里之途，起于跬步。

2016年的夏天走进深中西校，印象中的西校就是一圈白色的小楼围绕着中间宽阔的天井平台，整个校区只有初中竞赛班和高三。学长学姐会在早读和课间在走廊背书，声情并茂的英语朗诵不绝于耳……

记得刚开学时，班主任秦竹梅老师正带我们上演讲训练课，我的目光快速扫过这些熟悉与陌生交织的同学面孔。这已注定，有关他们和她们的记忆将烙印在我最无忧无虑的三年。

记得数学课上，曾劲松老师哭笑不得地称我们是“小学生”，从初一开始就招呼我们每周一测；他亲手编写适合竞赛班进度和难度的教材，把初高中相关内容纵向贯穿，用逻辑架构加深我们的理解。三年过去，考前阅读《老曾常谈》，沉浸式重温所有重难点；考后钻研《原题重做》，所有考场上不会做的题目，课后要求我们用三种不同的方法解决……

记得课堂之外，钟茜老师持续推动我们综合素养的培养，带领我们走进自然、走向社会，引导我们充满好奇地探索未知。我们的课堂从西校区旁的人民公园到红树林自然保护区，从垃圾焚烧发电厂到大亚湾核电站，我们留下探索的足迹和赞叹，在实践中收获了宝贵的学习体验。

毋庸置疑，这是我记忆中快乐、肆意的三年。课上同学们总是自由讨论、分享观点；课间教室后的空地被“征用”为踢瓶盖的球场，大家分成两队进行攻防，有时还会使用扫把模仿冰球比赛；午休，我们少数几个不回家的同学总在教室里畅谈，成为笑料的“高产制造者”。

聚是一团火，散是满天星。我幸运，能和他们成为同学与朋友；我骄傲，自己是其中的一员。

深中游泳队 · 鲲鹏击浪

初见乍惊欢，久处亦怦然。

凡是过往，皆为序章。2016年初一，我们这届的几个同学初创深中校游泳队，第一次代表深中参加市中学生游泳比赛；2020年高二，深中正式招收游泳特长生，我们也有了校内豪华的训练场地、专业的指导老师、统一的队服。我们组成了一支强大的队伍，并参加广东省中学生游泳比赛。

一路走来，都是风景。在卞利榛老师的带领下，我与队友并肩作战，和对手共历成长。

驰而不息，一路同行。把一个简单的动作年复一年地练好，就是不简单；把看似枯燥的训练一项一项地落实，就是不平凡。六年恍然已逝，很庆幸我们还是曾经那个为学校荣誉全力冲刺、意气风发的少年。

感谢队友，致敬对手，让我又一次在体育竞技中体会到燃烧的斗志、团队的力量。作为深中校游泳队队长，我在高一高二蝉联广东省中学生游泳锦标赛200米自由泳、400米自由泳冠军。于我而言，高中游泳生涯已然收官；于深中游泳队而言，更多精彩与辉煌正在上演。

深中游泳队六年高速发展，感谢学校领导们的大力支持，助推了深中学生身心健康、更加全面发展。期待未来有更多向往深中的学弟学妹加入这个团结、强大的队伍，成为荣耀的深中游泳队队员。鲲鹏击浪从兹始，策马扬鞭再奋蹄！

追忆时光的渡轮靠岸，深中六年的故事落幕。青春如朝日，能在最宝贵的青春年华与深中相伴，让成长枝头绽放梦想之花，何其有幸。如今，走在清华园里，回看母校深中更是分外亲切，“荣耀深中人”永远是我骄傲的名片。“享受学习，锻炼本领，热爱生活，实现自我。胸怀大局，熊熊如炬，照亮时代，温暖家国。”就像朱华伟校长期望的那样，未来我将努力把个人梦想汇入时代洪流，让蓬勃青春与家国情怀共振，让带着深中印记的人生色彩更加绚烂。

深中学子 | 杨语彤

走过凤凰花开的路口

2022届高三（18）班毕业生，
被普林斯顿大学比较文学专业录取。

教师评语

语彤是个蕴藏着无尽能量和热情的女生。她兴趣广泛，对自己喜欢的事情都会全力去探索和尝试，从数学竞赛到中西方比较文学，从英文辩论到歌剧和说唱rap，都全情投入并有自己的造诣。她也从不只沉浸在自己的世界里，对待老师和同学大方真诚，和她一起交流学习，令人如沐春风。

在深中的六年，她一路尽情奔跑，一路享受成长，从一个喜欢边走路边唱歌的小女孩成长为阳光明媚、文理兼修、拥有丰富艺术素养的深中学姐，自信从容地走向国际教育大舞台。祝福语彤未来的每个时刻，熠熠生辉。

——班主任　王奕君老师

从初中竞赛班到高中国际部，我在深圳中学度过了难忘的六年。

苏格拉底说过，未经审视的生活是不值得过的。在深中学习的这段时光，你可以真真切切地感受到她的人杰地灵。令人敬佩的校长、特别优秀的老师和同学、极富挑战的课程设置、精彩纷呈的社团活动……这一切都弥足珍贵，构筑了“深中之所以为深中”的宝贵平台，赋予我们勤奋学习、独立思考、自由探索的机会，让我受益匪浅。

说起校园生活，尽管充满了“意外”，譬如突如其来的随堂小测，或是在交卷前五分钟“光荣阵亡”的笔芯，但是，总有那么多的美好快慰人心：院里向阳而生的凤凰花，小卖部阿姨和蔼可亲的笑容，还有面前货架上琳琅满目的小零食……芥末味饼干最为诱人，可校卡里的余额难以支撑这点“奢侈”；番茄味薯片倒是美味，但咔嚓咔嚓的咀嚼声容易“暴露”；黄澄澄的咖喱鱼丸在冷风中冒着香气，勾引着我想要伸手拿一串儿……算了吧，不如买一支曼妥思，让酸甜激活自己麻木的味蕾，还方便与小伙伴们分享。

初中竞赛班的每一天都是那么井然有序，就好像一针紧挨着一针的白毛线。不过，初竞学子总能在这细密的白色中挤进几抹亮色，交织出异彩纷呈的花纹。方法可是多种多样，就我而言，可能是在模拟法庭选修课上认真准备、唇枪舌剑，作为副社长为高中部的模拟法庭社团策划、宣传、备课、讲解、参赛，也可能是在古典音乐社与志同道合的学长学姐们吹拉弹唱……回到班级时，惊奇地发现我分享给同学的曼妥思，早已溶解在某位理化“大佬”的“可乐喷泉”里。

回首初竞三年，我还清晰记得自己的姿态，几乎永远都是“继续跑！带着赤子的骄傲”。无论是冲过八百米的终点线与同学哭哭笑笑着击掌，还是跟数学周测中的压轴题厮杀，似乎总还有进步的空间，又好像伸手就可以摘到最明亮的星辰。殊不知，“最明亮的星辰”就在身边，在每位初竞人因为执着与憧憬而熠熠生辉的眼眸中。许多帧美好的片段，如今仍然不时涌上心间：初三某个课间忙里偷闲，与好姐妹站在楼道里围着袖珍的随身听小声K歌；作为班长，不但将大量的时间与热忱倾注于班级日常管理当中，而且现场演讲和改编的“HipHopMan”歌词也要精益求精，只为了托举我们在又一次优秀班级评选活动中卫冕……以至于现在，一听到篮球场边震天的呐喊，或是某个只有我们明白的段子，也不知该会心一笑，还是任由泪花打湿眼眶。

现在，我已经入读普林斯顿大学，追寻着菲茨杰拉德与尤金·奥尼尔等文豪的轨迹。无论走到哪里，当我一次又一次站在人生的路口，正是深中的六年给了我选我所爱、爱我所选的底气。

还记得初一时，我凭着初生牛犊的一腔孤勇，在众人诧异的目光中一笔一画填写高中部“校园十大歌手”比赛的报名表。我甄选了几首最喜欢的美声歌曲，认认真真地把它们呈现给大家。尽管最后没有进入前十，然而“优秀歌手”的称号已经创造了初中部学生取得的最好成绩，我更加难忘“亲友团”的几位好兄弟陪我到最后，在滂沱大雨中赶回家。三年之后，我再次登上那个魂牵梦萦的舞台，不仅演唱技巧明显提升，而且更多了几分泰然自若。当主持人拉起我的手喊出“冠军”二字时，最重要的已是我懂得了享受舞台，聚焦于尽我所能演绎作品，而不是这些之外的得失。

深中人从来不会止步不前。这一路走来的荆棘，让我对“小众音乐”在校园中的生存情况有了更加深刻的思考。于是，我创立了说唱社，后来又吸纳电音部，与beatbox部一起发展为嘻哈联盟，旨在弘扬崇尚真实、爱与和平的嘻哈精神，让“小众音乐”爱好者也能在校园里找到自己的港湾，一样可以扬帆起航。

忙忙碌碌之中，我见证了社团公众号、线上比赛、线下社课等从无到有；我更不会忘记，最开始码乐评、备课时与其他社团“老人”的嬉笑怒骂与深度辩驳，撸起袖子搬过“百团大战”时的桌椅、音箱，为给“小孩们”争取几分钟的表演时间磨破了嘴皮子，甚至抓他们谈心，从对作品的理解聊到语文备考窍门与舞台上的自信心。创立嘻哈联盟的那些日子，正如在疫情伊始时组织十多位海内外校友共同原创抗疫题材的MV一样，事无巨细，千头万绪；然而，我从未想过放弃，只是抱着一定要为学弟学妹们开好头的激情，想多做一点，再多做一点。

如果说带领嘻哈联盟是讲究不落窠臼的创意与独当一面的决心，那么Visionary梦想家杂志社的工作就是一个传承与拓新的过程。作为主编，我几乎是一字一句地为学弟学妹们修改他们的作品，用心领会他们的思想，帮助他们用更恰当的语言和表达方式将自己的思考传递给读者。我也时常试着摒弃思维惯性，去追问我们做这个杂志的初衷到底是什么，未来又是在哪里。

需要打破壁垒吗？那就增设中文栏目，鼓励双语投稿。想要提升艺术追求吗？不妨与美编部长一起花几个小时，将每种字体与配色打磨到臻于完美。

在这六年里，从晒布到泥岗，我有幸遇到了很多非常有爱的优秀师长。国际部的一位戏剧老师在退休离校之前专门找到我，送给我几本她珍爱的书。“我知道，你会善待它们的。”每当我翻开被好好珍藏在书架上的这些书，都会想起这位老师说的这句话。感恩许许多多良师益友对我的支持与帮助。

如今，我站在这凤凰花开的路口，前方是星辰大海的万里征途，身后是沉甸甸的回忆与感慨。曾几何时，童言无忌，“长大后想要做什么”可以有一千种回答，似乎每一种都是正解，又如同微风吹拂着的花枝，看似轻飘飘，实则承载着春华秋实的心愿。现在的我，好像在突然间找到了真正需要的答案，希望自己可以像这位老师那样留下点痕迹，一路种花，一路是芬芳与明艳，把果实留给饥渴的旅人，给更多人勇气，踏上这不懈追寻意义的体验之旅。

深中学子 | 罗周子

在深中奔赴一场少年之梦

2022届高三（3）班毕业生，被清华大学未央书院录取。

教师评语

“Stay Hungry, Stay Foolish”，罗周子以他的友善、勤学和善问赢得了身边人的尊重和喜爱，也正是他这种谦虚奋进的精神让他在追梦的路上逐步前进。印象深刻的是他在早读时洪亮的读书声、在路上碰见时热情的招呼，还有他在那高三艰难挫折的日子中锲而不舍的精神。

比起口头上的言语，他相信行动更有力量，每一次尝试都是他克服内心犹豫而迈出的一步，这让他变得更加勇敢和坚定；每一段经历都是他进一步挖掘潜力、深入了解自己的过程，这让他更加坚定了自己的目标和方向；高三的每一次挫折和压力都是他成长的催化剂，这让他更为坚韧，更懂得珍惜和感恩生活中的美好瞬间。相信这些美好的人生经验能陪伴他在人生的冒险中勇往直前，无所畏惧，祝愿他在逐梦的道路上创造更多的精彩！

——班主任　曾雯老师

Intro：

别了木棉铺就的缓坡，奔赴一树火红欲燃的凤凰花下。日升月落之间，我在此寻觅、成长。今天，站在十九岁的人生坐标中回望，关于深中的记忆化作散落一地的棱镜。我的思绪在其中散开又聚拢，交织成一片流光溢彩的少年之梦。

“学长好，我是高一（6）班的罗周子，未来请多指教。”

按下发送键。对初来乍到的我来说，又是一段标准的开场白。

方才结束了入学教育，升入高中的迷茫之下，内心的期待早已暗流涌动。优秀的毕业生、带班的学长学姐，我暗自希冀着成为这样闪闪发光的人。于是，我试图抓住一切看中的机会，去学习全新的知识，去认识优秀的前辈，去走进陌生的面试。或许因为是我的诚恳，抑或是运气使然，我的付出都得到了惊喜的回馈。第一次大考获得了意料之外的好成绩，支教社的面试也顺利通过。这些小小的胜利，为我的深中生活叩开了第一扇门。

其实现在想来，入学初的青涩懵懂，或许折射着一种“Stay Hungry, Stay Foolish”的态度。身边同学的优秀光环让我自认一无所知，从而不断求索，取得进步。

自然，推开第一扇大门的过程，也少不了坎坷。深夜里被九科习题围剿的无措，考试周前“ddl”们呼啸而至的窘迫，第一次讲课因备课失误导致台下一片死寂的尴尬，也都和成功的喜悦一起烙印在了记忆中。

就这样，我从挫折中走来，一步步去追求着新的东西。

“椰子学长好。”

这是学长团录取结果出来的那天下午，朋友们发来的微信。看着“学长”二字发愣的我还不知道，一段新的历程即将就此开幕。

回看高二一年，我实在无法描述学长团的经历对我有多重要。在这里，我们一起团建，一起“点杀”，一起拥抱夏日较场尾的海风，一起追逐山上升起的朝阳。每一项活动，不论大小，都是我们诚挚情感的凝结：从晚自习下课的探班，给小十五的每个人写生日贺卡（对了，应该叫“寄得爱”），到单元节的表演，心智活动定向越野的设计，每一段经历在现在看来都是如此鲜活。学弟学妹们也用他们的热情和温暖给予了我们回应。这样双向的奔赴，孕育出一种无可比拟的归属感，成为连接我、同伴、学弟学妹乃至这整个学校的情感纽带。

2020年上半年的疫情封控给了我充足的独处时间，在此期间我也开始尝试音乐制作，并第一次在原创音乐社的小讨论会上播放。虽然现在看来它只是我在库乐队上捣鼓出的粗糙至极的trap beat，但这意义颇大的“第一次”，让我激动许久。其实社团之外，高二的学习生活也足够有趣。英语课上从莎士比亚（Shakespeare）聊到鲍勃·迪伦（Bob Dylan）；化学课上看着绚丽的反应在试管中绽放；自从进入生物实验一册，教室后排很快就摆满了泡菜坛子，随即又被一瓶瓶可能随时爆炸的“葡萄酒”占领。

丰富的生活也意味着较大的压力。尤其是高二下学期，需要一边学习课内知识，一边复习少年班的高考，还得兼顾学长团的日常活动和招新；高考完后又马上投入期末考的复习中。好在与困难大小成正比的，还有完成以后的成就感。那段忙碌的时光，终于成了很久以后自己回忆起来都觉得骄傲的日子。

三

最纯粹的学习占据了我的高三。但或许是一种自我保护吧，一年多的时间，高三的许多记忆都已被淡忘，留下的只有那些或是欢乐，或是极有成就感的瞬间。另外，比起具体的知识，高三更重要的是教会了我怎样学习：从一次次考试中总结出的方法，如何调整心态，如何避免粗心错误等，我想是我受用一辈子的。

虽然学习上的压力、精神上的焦虑和内耗都或多或少伴随了我整个高三，但那时的快乐也前所未有的纯粹。回宿舍嗦一口热腾腾的泡面，去“健康加油站”购入一袋冷饮，封校期间吃上家里送来的甜点都可以幸福很久；

高三也有独属自己的浪漫：晚自习前转角处瞥见的夕阳，中庭那棵陪我们走过秋冬春夏的凤凰木，还有教室里插满的纸飞机……追忆下去，这个清单可以无限延长。

三百天的时间其实很快，似乎我上一刻才在晒布的宿舍放下背包，下一刻就踏出考场和家长抱着的一大捧鲜花撞个满怀。高三如此，深中的三年也是如此。置身其中的我汲汲于成绩而不曾发觉；等到一切落幕后才意识到，这三年正是我转瞬即逝，却又绚烂无比的teenage dream（花样年华）。

四

初入大学，刚组建的新班级在紫操举办了一场小音乐节。我唱了首“*Perfect Places*”（《完美之地》）。这首歌里Lorde（洛德）年轻与无畏的姿态给高中的我带来了很大鼓舞，在高三的低谷期，这张专辑也是自我疗愈的解药。一首歌的时间内，高中的无数记忆从我脑海中掠过。而一年多后的今天，我终于到了“I’m 19 and I’m on fire”的年纪，记忆中的那些人，却大多淡出了我的学习生活。或许毕业就是如此，一声“再见”过后，大家各奔东西，经营起新的人生。但是偶尔，在忙碌的间隙，这些回忆仍会翻涌上来，激起一阵裹挟着酸涩、甜蜜和怀念的复杂情感；如果更有幸能和这些朋友们重逢——不论是现实世界还是赛博空间——无尽的话题又会重新延展开来，仿佛我们只分开了一个课间，仿佛我们重新置身于晒布或者泥岗，可以嬉笑怒骂地互相陪伴着，直到永远。

千言万语化为一句：在最好的年纪遇见深中，遇见我最棒的同学和老师们，是我最大的幸运！

深中学子 | 朱倩瑶

成长与蜕变

2022届高三（19）班毕业生，被宾夕法尼亚大学沃顿商学院计算机与金融专业录取。

教师评语

我与倩瑶的故事从2019年的“钥匙妹”下凤凰花开时说起，我当了三年的班主任，朱倩瑶当了三年的班长。这三年里，倩瑶一直肩负着班长的责任，也追求着自己的梦想。三年时间匆匆而过，现在倩瑶已经是一名宾夕法尼亚大学的学生了！倩瑶曾是深中学生会主席，而宾大正是美国第一个成立大学学生会的高校，更有趣的是，倩瑶和我们分享时说，宾大的教学楼外立面非常像深中新校区。相似的红砖墙见证着她带着深中故事、深中精神在海外名校继续努力求学，收获繁盛风景！

——班主任　陈励老师

学术篇

刚进深中，我对校园的一切充满好奇，丰富多彩的校园生活让我激动不已。与此同时，我也面临着未来美本申请的专业选择问题，我需要在短短两年的时间内，确定好自己大学申请什么专业。

我一边在各式各样的社团中穿梭，一边想着为什么不直接在社团活动中找到我喜爱的专业呢？

当时的我对商科兴趣颇多，于是参加了FOF商务实践社。在2020年的游园会上，我带领着社团的小伙伴们摆摊、宣传学校、推销纪念品，这一切让我学会了如何更好地营销产品。

在FOF社课上，学长学姐教我们经济学知识。当有了一定的知识储备，我便开始尝试经济学比赛。高一暑假，我参加了经济学奥林匹克。对于一个经济学初学者来说，比赛的商业路演环节是一个不小的挑战。幸运的是，我有一位资深经济学老师——班主任陈励老师。在备赛期间，我有任何经济学的问题她都耐心帮我解决。通过经济学奥赛，我对这门学科有了更深的了解与认知。

高一的这段时光里，我还探索了自己在数学领域的兴趣。高一开始我就选修了数学竞赛课，并报名参加数学比赛。备赛过程中，经常会遇上很难的题目，但是每次解出一道数学题，我都充满成就感。

经济和数学这两门学科，让我在高一发掘了自己内在的潜力，也让我更加确信基于兴趣之上的探索是能够让我充满动力且获益良多的，所以我决定在高二继续向前迈进。

高二的时候，学校开设了美国青年物理学家锦标赛（USIYPT）的选修课。尽管我当时没有想到申请物理方向，但还是抱着试一试的心态选择了这门课，未曾想到这门课成为我专业路上的一个重要转折点。

整个课程学习过程，黄伟聪老师和张梅老师带领各小组深入研究一个个物理问题，两位老师和我们一起查找资料，一步步带领我们进入物理问题的核心，他们的鼓励和帮助让我们做实验特别有动力。我们组研究的是天体撞击问题，采用水泥球撞击来进行模拟实验。每次制作水泥球我都感到特别快乐，我喜欢这种自己动手做实验的感觉。就这样，我逐渐萌生了对物理的

2021 年 1 月，我所在的 USIYPT 小组做陨石撞击模拟实验

兴趣。

后来，我参加了一些物理竞赛，在备赛过程中我发现物理太偏重理论，我更喜欢实践多一点的学科。刚好那个时候我选了学校的AP计算机科学课，开始在计算机学习路上摸爬滚打。胡楠老师非常耐心地解答我的疑问。我就是在这个过程中一点点感受到计算机的美妙之处。让我惊喜的是，我发现自己喜欢上计算机了。申请季前，我在商科和理工科方向举棋不定，升学指导陈少锐老师帮我做了全面的分析，少锐老师鼓励我在电子工程专业方向上进一步努力，所以在申请季前，我的专业探索之路基本确定。

回头看看自己走过的路，我是在利用学校选修课的资源不断探索自己专业的兴趣。感谢深中每一位老师在我专业探索过程中给予的指导与帮助。

课余活动篇

“百团大战”之后，我便陷入奔波于各大社团和学生组织的面试与社课的忙碌中。

面对各式各样的社团和学生组织，我一心只有“小孩子才做选择，我全都要”的想法 。就这样，我报名了将近20个社团和学生组织（大家一定要根据自身情况去选择）。除此之外，体育单队也很吸引我，我又加入了女篮和羽毛球单队。那个时候的我，仿佛有瞬移的技能，一下课就从教室消失，几分钟后闪现在社团活动地点，半小时后又出现在另一个社团的活动地点。深中这个全新的环境给我带来了无限的动力，高一的我在各个社团和学生组织中玩得不亦乐乎。

其中，对我改变最大的当属学生会。加入学生会只是偶然，我在校园里看到了学生会的招新海报，抱着试一试的心态报了名，幸运地进入了试用期。在试用期期间，我和小组内的其他成员在学长的带领下进一步了解和体验学生会的工作。

到了正式期，我在权益部继续打拼，负责和老师沟通学生会信息公告栏的事宜。我曾跑遍东门去寻找合适的公告栏标题字体，也曾在网上浏览各种各样的公告栏。在学生会工作的奔波中，我逐渐学会了高效的时间管理。我会利用好课堂上的时间，尽量把每一个知识点都听懂，这样下课我就可以光速消失，去参与到学生会的工作中。

第二学期，我被调往理事部，工作重心变为举办各种活动。这对我来说是一个不小的挑战。刚开始策划活动的时候，我还是个比较粗心的人，容易出一些小岔子。经过一次次小差错，我变得严谨起来，在后面的活动中没有出现过差错。

高二，我成为学生会主席，事务更加繁忙。高二刚好又是国际体系学生学业最紧张的一年，我时常深陷学生会和学业的两难之中。这时候，我的时间管理能力必须大幅提升。妈妈觉得学生会占用了我很多学习时间，经常旁敲侧击"打击"我的积极性。记得有一次我在大考前处理学生会的事务一直到深夜，没有时间复习，妈妈知道后对我进行了严厉的批评。我跟妈妈解释，学生会工作是我学习减压的方式。妈妈觉得很有道理，从那以后便不再干涉我。结果证明，我已经在学生会锻炼出强大的时间管理能力，让我能在大考中稳定发挥。

两年的学生会工作经历让我全面成长，不仅有时间管理方面的成长，还有在交际能力方面的成长。

2020 年 5 月，学生会组织的禾市中学捐书活动

高中三年，深中给我提供的资源是应有尽有、日渐丰富的，哪怕到了高三我也能找到全新的资源。

在我上高三的时候，学校成立了艺术体操校队。当时我正值申请季，时常处于上课和写文书两点一线的状态中，生活未免有些乏味。偶然的机会，我看到艺术体操校队招新，我幸运地加入了艺术体操校队，当时就希望把它作为我申请季的减压活动。果不其然，我在艺术体操校队也玩得不亦乐乎。

玩归玩，学归学。我在校队还是学到了非常多的东西。校队的童心老师、余健和老师的水平无须多言，妥妥的顶配。在她们的带领下，我从一个艺术体操小白，一路过关斩将，从三级比到了二级。她们不只是指导我们，还会和我们一起训练，我们什么时候走，她们就什么时候走，就像北极星一样，永远伴我们前行，为我们指路。

回看我的艺术体操之路，一切仿佛还发生在昨天，我风风火火地走进了学校的形体房，开始第一次训练。这一路走来，我遇上了永远支持我的老师们，她们让我知道我有无限可能。我还有一帮幽默风趣的队友们，他们让枯燥的训练充满欢声笑语。艺术体操队更像是一个家。我一直很感激自己能在高三的时候遇上这么好的校队，以及队里的老师和同学。我想也只是深中才有这么丰富多彩的平台，才能让我的申请季如此五彩缤纷吧！

深中的生活太精彩
它给了我无限机遇
虽然怎么过都是浪费
但就是在这种取舍之间
我找到了让我成长和蜕变的动力源

最后
感谢和我一同走过高中三年的
同学和老师们
如果深中的生活是我的动力源
那你们就是动力源的泉眼
我的三年因为你们变得
更加精彩 更加难忘

2022 年 8 月，代表校队参加
广东省大众艺术体操联赛

深中学子丨万博岩

长风破浪会有时

2022届高三（9）班毕业生，被浙江大学应用生物科学（农学）专业录取。

教师评语

可能很多同学直到填报志愿的时候，对自己的心仪专业或方向都是懵懵懂懂，这也让他们在高三阶段缺少了一些奋斗的动力。而博岩对生物学科的喜爱，让他从高二或者更早就开始了解相关的专业、大学，也帮助他在高三能够向着非常明确的目标努力。在博岩身上，我看到了坚持不懈的力量。正如他在文中所写，不论成绩如何，他都不放弃提升自我，一次次与老师沟通交流、自我反思，列下详细计划并坚定执行，最终在高考收获惊喜。祝福博岩，永远都能做最好的自己！

——班主任　裴涧雯老师

我与深中

大抵是某次游园会，当时还是一名初中生的我第一次踏入深中校园，记得“钥匙妹”下阶梯右侧有一系列名人的鼓励话语，我驻足良久，暗想什么时候我能成为这样灿若星辰的人类群星之一呢？我于是暗自努力，把深中的种子埋在心里。

中考后，录取结果公布了，我如愿以偿地考上了深圳中学——这个以深圳这座年轻城市命名的学校。记得那是个雨天，邮政送来的录取通知书还附着湿漉漉的雨滴，我的房间墙上贴着中考前写的“长风破浪会有时”，另一边的我挑选着社团，查询着高中知识……探索我从来没经历的事情。

几天后，新生教育的三天开始了。学长学姐畅谈着在深中怎样过都是对时间的浪费，因为深中的生活太精彩。

我可以把我精彩的深中生活大致分为两部分：高三前、高三后。

高三前

说实话，高三前的我并不算是大家所说的“好学生”，因为我并没有在学习上太过努力，唯一学得好的主科可能是我一直以来很喜欢的生物，除此之外我的学习成绩可以说是一般般。但是我在其他事务上却有着“卓越”的成绩，比如在各种艺术、通用技术课上，我总是最认真的，当然，这也和深中的氛围密不可分。高一我加入了风华子衿广播站，还记得老校区的C栋六楼广播站，我们经常在这里开社课，中午也会有人负责放些悠扬的音乐，丰富同学们的生活；同时我还是辩论社debate society的一名成员，有幸代表学校出征辩论赛；再者，参加战术社让我结识到了一群志同道合的军事爱好者。如果你喜欢科研，可以向老师申请实验室和设备进行课题研究。

高二，我们搬到了新校区——泥岗。我竞选上了广播站社长，与此同来的还有更多的责任。新校区没有广播站，各部分功能不完善，社团活动开展不顺等，社团时不时要针对当前情况开会商讨下一步行动。此外，高二的学习压力逐渐增加，各种成绩排名慢慢重要了起来，不过我依然过得很充实。体育嘉年华上的我可以参与到广播设备的协调；选修课上的我构想出一种新材料并将其自信满满地向同学展示。如果你热爱文学，可以在清流讲坛上讲授一个你喜欢的大家；如果你喜欢微电子，可以请教老师自行组装一个绚丽的辉光管时钟。

总而言之，在深中，你有无数种选择，可以做你想做但之前做不了的事情，并且会有老师、同学为你提供帮助。同时，在这里也能自由开放地交流学术研究，课堂上常常有老师和同学或者同学之间针对某一问题展开建设性的讨论，这样的讨论往往使老师、学生共同受益，同时也活跃了课堂的氛围。在这里，除了学校应有的“教学”职能外，“育人”的职能或许更加充分地在各种方面体现。这里的每位老师都有着朋友的身份，当你生活上有些不如意的时候，跑到他们的办公室里聊聊天，或许能够给你新的思路。自主学习也是深中同学学习的一大特点，我有许多学习或社团工作方面不懂的东西也是自己到网上搜索教程，并不断试错最终成功的。

当我第一次踏入高中校门，第一次站在讲台上演讲，第一次被选为广播站社员……这一切都意味着我成长了。

这就是我高三前的深中生活，丰富精彩且轻松愉快。

高三后

深中还有另一面。成为深中人，不仅意味着你将度过人生中精彩的三年高中生活，还意味着你将与全深圳最优秀的一批同龄人一同竞争，一同进步。不怕诸位笑话，第一次月考，我排名在后25%，第二次月考，我的排名和第一次排名一样。第一次数学考试，考了40分。高一高二我的成绩不温不火，高三分到b班。诚然，不慌是不可能的，但我却有种迷之自信，或许是因为深中太优秀了吧，让我觉得再差也是有大学上的。不过我始终没有做的一件事就是放弃。我或许不是最聪明的那个，但我一定是认真的那个。

除生物、物理外，几乎每个学科我都有着相较他人一大段的差距。一轮复习会是一个重要的阶段，无论你一轮复习后的成绩如何，能够在这个阶段打好基础，你就能在后面的复习中有所突破。这就需要你紧跟老师的节奏，按时按量完成老师布置的题目，以看问题不看分数的心态去对待考试。

比如，每次数学考试成绩出来后我都会拿着试卷去找“吉米粥”，跟他一起分析我数学在做不出来大题的情况下，哪些地方能多拿点分、少丢点分，更多的是可以让我厘清思路，完善思维。我也时常去找英语老师Donna，真的很感谢她，每次去的时候她都会耐心细致地给我分析最头疼的语法，也会给我分析读后续写，往往到很晚才结束。她有时候还会给我们一些小零食以激励我们下次加油。考前自主复习阶段，我写了很多篇作文，杜老师和范老师都经常批阅我的作文，虽然很少上45分，但到最后几次模拟作文也终于能拿到50分。我最担心的还是化学，似乎一直都没学好过，在及格线上徘徊的化学成绩几乎贯穿了我整个高中阶段。化学老师李爽经常在办公室帮我分析化学试卷的失分点，以及接下来复习的中心和节奏的调整，我也在化学上分配了许多时间与精力。一分耕耘一分收获，结果让我震惊，在后期，我的化学成绩终于能稳定在90分上下了。

其实高三老师跟同学们一样辛苦，他们的努力和付出值得我们去看到，也值得我们去铭记。

高三的生活也是丰富多彩的，这里有数不尽的夕阳和云彩，有重叠的都市，有许多校园趣事。还会经历许许多多的活动，这些就等大家自己去发现吧。

一模、二模可以说是我对自身认知的分水岭。一模第一次破天荒的考到600分，二模更是提升到620多分，虽然校内排名也就勉强前400，但对我来说，这已经是非常满意的成绩了。当时我也没想什么，当然是继续分析，继续复习，思考问题，解决问题。

2022年6月9日18:15，铃声响起，在一套中等难度的生物试卷后，我的高中生

四校考试分析

概要：本分析是为了总结一轮复习的优缺点以及四校考试各科学情分析，以期达到对二轮复习的指导与调整，力求达到客观真实，不应想当然，目标是为了高考。优点不代表可以放弃练习，缺点不代表要死记硬背。

语文

综合：总体来看，经过一轮复习，我对语文试题作答整体有了较为完善的思路与技巧，面对各个题型都有一定量的练习，但仍有深度上的不足，目前几乎可稳定110左右。

优点：论述文阅读，诗歌，语言运用部分掌握较为成熟，对于非抽象概念的理解比较擅长。

缺点：小说等抽象性阅读理解运用达不到点子上，容易将不重要的东西误以为重要的题点，这一点是非常恐怖的，小说不是全错就是全对，稳定性太差。作文方面略微有些进步，表现在各个段落中的说理部分，但是审题方面上缺陷较大，容易跑题。

解决方案：

1. 精读三篇高考小说题，分析每个题目的出题点，出题原因，出题解答信息来源，总结出题规律，读懂出题人。这一点可以在自习时期完成也可以在开学前完成。
2. 对金考卷每篇作文进行审题，再同答案对比，找出相同与不同点，力争切合思路。

数学

综合：经过一轮复习，个人认为在数学概念上有较为完善的掌握，部分大题可以做到全部完成，做题思路和时间分配有较大提升，做题量和做题效率可能还不够，目前大概可以稳定平均分左右。

优点：心态较好，不会就跳可以让我看完全部的题，立体几何和统计概率掌握程度较好。

缺点：选填正确率太低，总有不会的题，平时不注重选填的考试，试后偶尔几时记错题，大题经过训练后，17，18有时仍会出现低级错误，大题导数第一问偶尔作出，第二问几乎没做出来过。大题圆锥曲线作出几率较大，但是容易出现计算错误。

解决方案：总体训练不可缺少，还是要在整体考试内训练，专题训练可在圆锥曲线和选填上。

记录精题，一定要看！！！一定要看！！！一定要看！！！

英语

综合：经过一轮复习个人认为在各个方面上都有所提高，个人认为应该更加注重单词量和语感，作文字体，一定要重视朗读，一定要重视朗读，一定要重视朗读。作文要真的手写，不要作文句式的简单排列。注意三月口语考试。分数飘忽不定。

优点：整体做题速度有进步，可以一小时内完成大小作文。

缺点：对阅读文章题意常有误解，小作文小问题很多，大作文时常思路好时常思路差，内容上属于中等水平。语法填空问题也很多。

解决方案：还是要**多练多读，单词要按时按量朗读听写，注意语法的复习，**保持练字。

活结束了。没有想象中的激动，反而是一种诧异，就这样了？那一瞬间，我甚至有点伤感，我做了那么多道题，那么多张试卷，真的就这样结束了？真的就这样结束了！高考，好像也没那么可怕。

在几天玩乐后，我才开始估分，保守估分618分，我心想，嗯，可以接受，毕竟我也并不期望数学能给我什么惊喜。但是惊喜之所以为惊喜，是因为你不知道哪里会有惊喜。高考提前放出成绩，听说成绩是按顺序发的，在出成绩的三分钟前，我收到了短信。我整个人是震惊的，这是我从来没有想过的成绩，我的语文、英语从拖后腿到高分，其实归功于自主复习期间我对主科的重视以及不到最后不放松的精神。

回过头来，有些怅然若失，那段倒数日子的时光似乎仍在眼前，但我并不想再回到过去，因为我没有遗憾，我已经做到了最好的自己。所以，阅读本书的你，把握机会，书写属于你的人生吧！愿你“长风破浪会有时，直挂云帆济沧海”。

深中学子｜丁嘉禾

追忆似水流年

2022届高三（3）班毕业生，
被上海交通大学密西根学院录取。

教师评语

丁嘉禾看似粗犷不羁，实则是善良纯粹又踏实靠谱的同学，他关心体贴他人，力所能及地参与班级事务。留给老师和同学们的最深刻的印象，应该是这个阳光帅气的大男孩某天忽然剃了个小平头，这也是有些玩心的他下定决心的表现。他对自己有比较高的要求和期待，不是喊喊口号或背地里偷学那种，而是踏踏实实，明确目标并坚韧地朝着目标前进。早读总能听见他洪亮的声音，字写得不好就按老师要求好好练，生物比较薄弱就常常去问问题，哪怕是热爱篮球，在高三也会控制运动时间。

志不求易者成，事不避难者进。哪怕他高考没有进入自己的梦校，他在高三所做出的努力和积累、锻炼出来的克己慎独的精神，也会对他在未来逐梦道路上的发展有很大的帮助。祝福他！相信他能坚定不移地继续去追觅、去奋斗！

——班主任　曾雯老师

“深中的生活太精彩，以至于怎么过都是浪费。”这是我刚刚进入深中第一周听到的一句话。当时不以为意，可三年时光转瞬即逝，我才意识到这句话的意义。

作为一个准备中考的初三生，我对深中十分憧憬，其原因便是深中的大学式管理：穿衣自由以及丰富的社团活动。我曾坚信作为在他人眼中自律的孩子，选择深中定是锦上添花。

我仍记得被深中录取那天，自招的结果发布得很快，早于正常的中考录取，我急不可耐，点开名单，逐字逐字地读，终于，我看到了自己的名字。我不记得当时有多兴奋，只记得那天和同学在外面玩，请他们吃了甜品，发了一条QQ空间。

高一：初识晒布

初识深中，奢华高端的宿舍楼，菜品丰富的食堂，各式各样的社团，让我享受到极大的自由度。

可在新鲜感褪去后，我的生活却越发单调：下午四点半铃声一响，我拎起背包，走出教室，路过1班门口，叫上好朋友：“打球！”六点再匆忙地奔向食堂，奔回宿舍洗澡，拖着疲惫却亢奋的身躯卡着点去教室上晚自习，九点半晚自习一结束，便回到宿舍开始刷手机。高一的我似乎对成绩没有什么奢望，认为在人才济济的深中，我能勉强考到一百名已经算不错了。

高一为什么不玩呢？我对自己说。

疫情期间，在家里上了三个月网课，这段时间是散漫的、放纵的。缺少了人为约束，网课便成为自由时光。返校后，生活似乎也并没有发生什么变化，好像只有我的体重因为长期在家上网课增长了不少。七月，突然通知期末考试取消，让高一欢快地进入尾声。

高二：从社团到书本，从“智能”到“原始”

高二搬到了新建好的校区，很多设施都没有完全完工，但新校区还是让人眼前一亮。在高二的开学考中，可能是运气好，我考进了年级前十，我的信心无疑得到了极大的提升。

作为篮球社社长，招新，培训，准备11月份的“深中杯”。社团中的琐事让我手忙脚乱：安排训练场地、培训技术台人员和裁判、做推文、写策划案和秩序册，我似乎无暇顾及学习，草草地完成每天的作业，便投身于社团。即使有时候暂时没有社团工作，我也只想玩手机，放松休闲。

不出所料，高二上学期我的成绩从前十掉到了一百三十多名。

高二下开学前，年级发布了一则通知，将严管手机的使用，学生携带智能手机入校需要家长的书面签字文件，此规引起轩然大波。我向来很少参与这些讨论，或许只会偶尔在朋友圈发发牢骚。当然此规最大的支持者是我爸，听闻此消息，作为一个坚定的手机入校反对者，他兴高采烈。经过一番博弈，我最终败下阵来，决定携带老人机入校。好在社团的工作已经结束，智能手机的需要程度降低了许多。

没了智能手机后，学习生活简单了很多，每天下午和晚上给自己增加自习的时间，完成作业之余会梳理一天的学习内容，补充笔记，或是找老师、同学解惑。我从未感受到可以在学习上如此精细分配时间，原来学习不只是完成作业。

从社团到书本，从“智能”到“原始”，我的重心逐渐转移到了学习上，也重新考回了前五十。一切似乎在向好的方向发展，至少成绩是这样。

高三：当执牛耳

八月初，高三的战役打响，一周也从双休变成单休。又回到了晒布岭，面对的是新的老师、新的同学。3班作为深中最优秀的重点班之一，班级的同学都是尖子中的尖子，我花了近两个月调整自己的状态，包括学习心态和生活方式。

高三的学习很纯粹。

高三的学生应该像一张白纸，忘掉过去学的一切，我花了一个月才明白这个道理。我扔掉了之前所有的笔记，清空了我的大脑，准备迎接更加细致全面的新知识。一轮复习就像是女娲补天，我常常感觉之前的学习，尤其是网课阶段的基础有多么的不牢固。每每发现漏洞却也能让我备感欣慰：“还好不是高考。”

刚进入班级，我的成绩一直在班级中游挣扎，总是在年级50名开外徘徊，只想着怎么提升自己的排名。功利心太重，也过于浮躁。高三的环境渐渐打磨了我，我常常静下心来思考自己在学习中的所学所得。埋头苦干，潜心学习，在一轮轮复习后，终于有了进步，在一模、二模中取得了比以往更好的成绩。

不要太关注别人，专注于自己的努力，才能看到更多。

高三的生活很纯粹。

早上六点半起床，吃完早饭七点钟到教室，练习英语听说。晚上十点下自习，但大部分时间我都会待到十点半或者十一点，才回宿舍洗漱睡觉，每天花十三四个小时在学习上。

我几乎每天都会去打球或者跑步。郭峰老师很强调运动的重要性，鼓励我们每天都去运动半小时，他说高三是一场持久战，身体不好是打不赢的。

我似乎把他的话完美地贯彻落实了，也可能是我太喜欢运动了。

不知道为什么，高三的一年是让我印象最深的时光，中午午休时躺在床上，常常幻想高考后的暑假会去哪里玩，大学的生活会是什么样，似乎这些不仅是我对未来的遐想，更是我在高三压力中对自己的排解与激励。

下学期开学不久，由于疫情，整整48天待在学校，没有回家。我的18岁生日也是在封校中度过的，因为点不了外卖，就用小面包插上蜡烛充当生日蛋糕，草草过了成人的生日。

高三的压力很大，也许是成绩上不去，也许是上课没有听懂，也许是作业太多做不完，总有某些时刻感觉要撑不住了，这些都是高三的常态。可屏住一口气，咬咬牙，也就坚持下来了，学会自我调节更为重要。

我后来才明白，自我调节不只是在高三，在大学、在人生中都是重要的一课。

每天傍晚，洗完澡后，走向教学楼，看到红旗沐浴在夕阳中，看到“2022，当执牛耳”，心总会不自主振奋起来。在晚自习之前，我总喜欢站在教学楼的小平台上，看凤凰花，看远方的落日渐渐沉入空中篮球场，好像大家都喜欢在这时候驻足，眺望夕阳，眺望未来。

那时候的同学们，会不会想到，几个月后，大家都会成为“执牛耳者”，在不同的地方发光发热。

深中学子 | 严晴宇

从深中出发，不断追寻

2022届高三（2）班毕业生，
被中国科学技术大学物理学院录取。

教师评语

严晴宇是一个很有文学才能的女生，性格温和、心地善良。面对数学、物理的压力，她表现出坚韧不拔的毅力，保持着足够的耐心和信心。她以减少社团活动为代价，不断积累，终于取得骄人成绩！她坚信人生是一场马拉松，只要不停歇，处处皆有风景。世间万物非无情，人心可鉴常温暖。

——班主任　曾劲松老师

写下这段文字时，已经离开深中一年半了，带着这一年半的酸甜苦辣去回味我的高中生活，心中有千言万语，不知从何说起。第一个涌上心头的词是“感恩”，感恩三年来陪伴我走过大大小小挫折的老师们、朋友们。第二个涌上心头的是那句流传已久的话：“深中的生活太精彩，以至于怎么过都是浪费。”作为一个已经毕业一年半的“老学姐”，特别想对学弟学妹们说，在拥有数不清精彩的深中，请坚信自己的独特，寻找自己的道路。这个过程中也许充满迷茫，但不要害怕，或早或晚，每个人都会寻找到自己的道路。

初上高中，写不完的作业便给了我当头一棒。当时的我想把课内每一个知识点细节都搞清楚，每天的作业拖到很晚也完不成。看着朋友们活跃于各个社团，心中十分羡慕，却只能对着面前一堆作业焦头烂额。那是我想要将所有精彩一把抓的时期，也是我最为疲惫与迷茫的时期。似乎每天都在拼命努力，却不知道自己未来的目标是什么。

在一学期与作业搏斗的日子后，一场突如其来的疫情打断了日常生活。隔离在家的日子里，看着一批批白衣天使驰援武汉，听着罗博士在网课上叮嘱要提前思考选科，我不禁开始问自己：“我能为这个社会做些什么？什么样的才是我的人生呢？”那时便想起自初中起便十分热爱的物理：物理课上老师讲的现象、规律总是令我着迷。抱着“物理很有用，而且我很喜欢”的朴素信念，我开始每天花大把的时间学习高中物理。高一上学期时，物理并不是我擅长的学科，甚至是我期末考试中考的最差的一门，但初中物理老师那句“你的思维很好，没问题的”始终萦绕耳畔。抱着这股底气，在一天天的听课、看书、写作业、订错、问老师问同学、反思的循环里，我惊喜地发现：原来我也能把一道看似很难的物理题搞懂，而且这个过程中还比较享受。就这样，自信慢慢地积累起来。我开始读物理学方面的科普书，探索更广阔的世界。一天晚上写完作业后闭目养神时，心中突觉星空璀璨，周围的一切都安静了下来。那时便在心中播下了一颗种子，立志把做物理方面的科研当作自己的人生道路。

自那时起，日子变得明朗、简单起来。我逐渐接受了当时的我不能兼顾学习和社团活动的事实：因为我渴望走上科研的道路，但学习数学、物理的速度又比一般同学要慢。别人花一个小时学完的东西，我可能需要两个小时。但没关系，一步一步来，只要努力，总能学懂。在一日一日的坚持中，我的数学、物理成绩逐步提升，自信也逐渐建立起来。日常偷闲看看物理方面的科普书、视频开阔眼界；中午时常借了同桌的《看天下》杂志翻阅，开始思考什么才是重要的科学问题；每周四下午的博士讲坛几乎从未缺席。听完讲座，看完科普书和杂志，便开始和朋友谈天。尤其记得一次和同桌探讨丘成桐先生讲的“求异”，探讨科学家应当具备什么样的品质。那时的聊天既有深度，又有趣味，直至今日依然难忘。

在这样一天一天的寻找中，去大学学习物理的决心逐渐坚定。这学期和室友聊天时还笑说：“如果再让我报一次志愿，我还要报科大物院。”在学物理的道路上，时常迷茫，更常常怀疑自己的能力，但每一次怀疑的过程也是认识深化的过程。经历过初看蓝图时的激动，也经历过背公式背不会、学定理学不懂的痛苦瞬间，起起伏伏，走到今日，当初对世界的好奇心从未消减。

作为一个深中人，我时常为我参加社团活动太少而感到遗憾。然而回看过往，当时的我也已经尽力地在寻找自己的道路。我想，也许每个人的成长速度不同。有的人走得特别快，特别精彩，在高中时就能兼顾社团和学习；有的人走得慢一点，迷茫一点。但无论快慢，只要坚持前行，都值得欣赏。在高三我特别焦虑的时候，朋友的一句话让我豁然开朗，她说：“没关系的，人生是一场马拉松。”是的，随着你不断往前走，经历不断丰富，你会发现人生的机会远比你想象的多，社会上各行各业都有许多需要解决的问题。只要你坚持寻找，大胆尝试，或早或晚，总能找到适合自己的位置。

最后，特别想感谢我高一时的数学老师郭慧清老师，是您的耐心引导让我逐步建立起学好数学的信心；特别感谢我的挚友陈佳莹同学、朱宇佳同学，没有你们的鼓励与支持，我很可能无法坚持走上学习物理的道路；感谢所有陪伴我走过深中三年的老师、朋友们，深中亲切的食堂阿姨、保洁阿姨、保安叔叔们。凤凰木下，因为有你们，格外温暖。

深中学子 | 徐睿彰

深中记忆

2022届高三（3）班毕业生，被武汉大学计算机专业录取。

教师评语

提起徐睿彰，认识他的人应该都很喜欢他，不仅仅是因为他脸上总是挂着笑容，带来满满正能量，更是因为他重情重义，看似大大咧咧，但内心柔和细致。他很好地发扬了深中学长团的精神，受到学长学姐们的关怀，也用他的同理心、耐心和热情帮助并爱护着学弟学妹们。另一个必须提到的就是他的求知精神，在课堂上总能看到他坚定的目光，在课间围着老师问问题的人群中绝对有他的身影。不仅如此，他也非常积极到办公室跟老师深入交流，关于课堂内容、学习方法、考试、状态调整等。知命不惧，日日自新，相信能在高三紧张的学习生活中不急不躁、不气不馁，不断寻找着更优更适合自己的方法的他，定能继续纯粹地追梦、蜕变为更优秀的自己。

——班主任　曾雯老师

我和深中从初中开始就已经紧紧相连，在小升初升入深圳中学初中部后，我便在深中留下了三年美好的记忆，而初中三年的奋斗目标也一直是深中高中部。中考后，我如愿以偿来到高中部，更是进一步被深中自由的风气所熏陶。

入学时，一进校门就听见学长学姐们洪亮的欢迎声："学弟学妹早上好，请往这边走！"刚刚把行李搬进宿舍安顿好，让我们"又爱又恨"的破冰活动就如火如荼地开展了：学长学姐们把我们领入教室，在简单的自我介绍后便拿出他们早就准备好的各种游戏。"大风吹""阿水说""你画我猜"……而贯穿其中的"终极目标"，就是让我们彼此之间认识、熟悉。也正因如此，我们既为没能叫出身边同学的名字而尴尬脸红，又为活动的精彩有趣而激动。

在一天热热闹闹的活动之后，我们拖着疲惫的身子回到宿舍。没想到同样辛苦了一天的学长们还前来探寝。学长们背靠着墙，和我们交流着宿舍生活与学习生活的方方面面。我们像是再次被打开了话匣子，兴奋地问东问西，似乎问题无穷无尽。学长们一直待到熄灯之后，我们便一起挤在阳台上。外面大楼点点的灯光微微照亮学长们的脸庞，而我们聚精会神地听学长们分享自己刚入校时的心情。这让第一次远离家的港湾的我们在学校里感受到了温馨与关爱，更让我们深切感受到了深中的人文关怀。

很快，入学的适应期转瞬即逝。正式上课后，我发现身边的同学卧虎藏龙，不论是秒解数学难题的竞赛"巨佬"，还是单词词汇量深不见底的英语"大神"，都让我羡慕、赞叹。老师们耐心而细致的讲课和浓郁的学术探讨氛围更是培养了我对问题"打破砂锅问到底"的探索精神。下课拦住老师追问，每一个老师都会认真仔细地再讲解一遍，直到我恍然大悟。不论是数学、物理、化学、生物，还是语文、英语、历史，每堂课上我都有数不清的问题。因此，每到下课，老师的讲台前总是"大排长龙"，环绕着一堆和我一样的"好奇宝宝"。这样不放过任何一个问题的追问精神也伴随着我从高一到现在，让我在学科知识上打牢了坚实的基础。

在学习之余，入学初的每天晚上学长学姐们都会在课间抽空来到我们教室，为我们答疑解惑、分享经验。而最令我们激动万分的就是"百团大战"。街舞社、滑板社、算法研究社……各种各样、各个领域的社团数不胜数，让我惊叹于高中也可以有如此丰富多彩的社团生活。

在一天的学习、活动结束后，回到宿舍，熄灯以后，我们躺在黑暗的怀抱里，闭上眼睛，尽情交流自己的所见所闻、所思所想。有时“夜聊”过于激动，往往会引来生活老师。于是我们经常在看着门口的感应灯一盏盏亮起时便赶忙噤声，待到重归黑暗后又继续畅聊，直到困意袭来才缓缓入睡。

高二时，我们来到新校区。那犹如大学校园的“配置”令人赞叹不已，十几层高的宿舍楼、环绕整个教学楼的图书馆对我们来说更是闻所未闻。感念于入学时学长团的学长学姐的关怀照顾，我在高二时便也投身加入学长团的大家庭。

成为学长后，我才发现，帮助新生适应高中生活的任务不仅需要热情和爱心，更需要细致与耐心。在每一个迎新活动举办的背后，是无数的会议讨论和前期准备。我们曾为无数个细节的敲定和前期的策划焦头烂额，在数不清的日日夜夜为明日的活动焦虑担忧。在欢迎新生的那一天清晨，我和其他学长团成员早早地来到新生们的必经之路，空荡荡的校园满溢着我们的紧张与期待。与新生们期待着入学一样，我们也翘首以盼，企盼着学弟学妹们的到来。当阳光沿着道路慢慢蔓延到我们身边时，学弟学妹们也涌入了校园。看着一个个新鲜稚嫩的面孔好奇地打量着学校，我们也仿佛看到了当时的自己。领着学弟学妹们走进教室、来到所属的班级，破冰活动又一次进行，只不过这次的主持人换成了我们。从早到晚，我们围绕着学弟学妹们，倾注着那份来自我们学长学姐的关爱。当夜幕降临，我探寝归来后是如此的疲惫，然而却又如此的满足。想到新生们快乐的笑容以及投向我们的信任的目光，便感到所有付出都无比值得。

欢迎新生的活动告一段落后，学科的学习也提上了日程。忙起来后时间过得飞快，学科虽然从九门变成六门，但各科的知识都更加深入复杂。学业的压力和课余活动都争抢着我的时间。配制果酒果醋、组织元宵节吃汤圆活动、心智小组的联谊、学长团戏剧表演、游园会、运动会、音乐会……，各种活动接踵而至。图书馆、教室、运动场、实验室……校园的各个角落都能看到我们奔忙的身影。每天下午我都会到操场长跑，一跑就是十圈，一直跑到太阳隐入高楼之间才精疲力竭地回到宿舍，享受洗完澡后的一身清爽。

至于大型活动，我印象最为深刻的便是心智越野与学期末的单元节活动。心智越野活动中，我和搭档设计了以特工行动为主题的活动，与学弟学妹们共同完成探索校园的任务，让学弟学妹之间有了更多了解。同时学长团成员之间的关系也在不断升温，我们为每一个成员的生日都筹备了精彩盛大的宴会，精心准备礼物和惊喜，痛痛快快地热闹一场。在学期末，我们学长团为学弟学妹们筹备了单元节的“告别演出”。我们选择改编《白雪公主与七个小矮人》，抽出每天中午的休息时间进行排练。浮夸的台风和现在看来无比尴尬的台词表演，在那时是我们欢乐的源泉，搬上舞台后更是惹得台下笑声连连……不论是课后运动锻炼时的一抹阳光，还是自习下课后食堂夜宵时间的欢声笑语，都已成为我无比珍贵的回忆。时间如白驹过隙，稍纵即逝。现在回想，脑海中的记忆只剩些许散落的片段，却连成了一段充实而丰富多彩的经历留藏在心底。

来到高三后，学习的节奏逐渐紧凑了起来，各类的社团课外活动也淡出了生活，每周的大小考试和知识密度极大的复习课占据了我们主要心思。同学们课上课下不断地查漏补缺，老师们也不遗余力地填补着我们的知识漏洞。记得有天晚上，我对一道生物题百思不得其解，在微信上打字询问我的任课老师，没想到不一会儿老师直接打来电话，我便在惊讶与感动之中听完了他对这道题的细细讲解，望着老师办公室仍亮着的灯，我无比触动……

即使课业繁重，我们依旧能够找寻到乐趣所在。学习之余，同学们抓紧难得的空余时间宣泄着过剩的精力。我最爱下课后约上同学来到乒乓球室，进行一场酣畅淋漓的对决后再去洗澡、吃饭。而晚自习期间，印象最深的就是每晚课间的保留节目：毽子大赛，同学们用尽力气把毽子踹上高空，然后又狂奔着试图接住。而我，在学习的间隙常和要好的同学一起在校园散步。有时我们站在人行天桥上，看着来来往往的人群与车水马龙，猜测着每个行人从哪里来、到哪里去。尤其是在疫情期间，我们相伴走在空旷的操场或是校园，眺望远方的高楼、云层，畅想着未来。有时我们还会碰见“校猫”，远远地观察着它们的一举一动，或是模仿着朝它们“喵喵”叫。我们最爱去的地方是一楼的演播厅，那里摆放着一架钢琴，我们常在黑暗中尽情地弹奏乐曲，成为彼此唯一的听众，感受着黑夜带来的宁静和乐音产生的激烈碰撞，忘我地陶醉其中。我其实并不爱听流行歌曲，更钟爱纯粹的音乐旋律，最常弹的便是《天空之城》。每当钢琴的音乐声响起，再苦再累的回忆、被

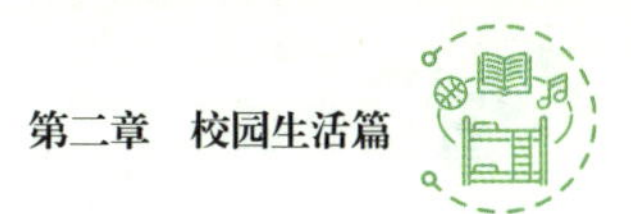

难题折磨的痛苦都慢慢淡化了，只剩下教学楼旁傍晚的夕阳所投下的光，照在我脑海的角落，给我的高三生活投下一道略显温暖而又令人平静的霞光，为我的高中时光封上结束的句点。

深中学子｜王羽佳

感念凤凰花下的馈赠

2022届高三（17）班毕业生，被南京大学历史学院录取。

教师评语

中秋节，你寄给学弟学妹们的月饼，沸腾了整个班级。素雅的国风、精雕的校训、美好的祝福成为班级的守护品。你文静内秀，不善多言，却真真切切让千里之外的祝愿拂过每一个学弟学妹的心田！

高三，每一个清晨在一楼早读的你，每一个黄昏早到教室的你，每一个疑难都要问到底的你，全力以赴、不计较环境的你，成了一道风景线。一个自律的你、独立的你、大勇的你，为目标拼尽全力，把所有经历的风雨，都变成美好绽放出来。高三的经历真正值得的，远非一纸大学录取通知书，而是那个分秒必争、全力以赴、拼搏砥砺、从不言放弃的你！愿你新的人生一路平安顺遂！快乐幸福！

——班主任　汪健老师

仲夏时分，骊歌唱响。看到下一届高三学弟学妹们即将开学，我又想到我要分别的同学、师长和校园，想到校歌中的“我感到时间/它过得真快/去年的花影还在”。值此之际，收到深中的毕业生征稿邀请，倍感欣喜和荣幸。于是小叙我与深中的故事，怀念这段凤凰花开的时光。

考入深中的梦想始于参加卓越成长交流营的时候。在那短暂的一天里，深中与她的校园文化给我留下了极深刻的印象：绿树成荫的校园、丰富的校本课程、热情的学长学姐、自由包容的氛围、追求卓越的精神……受她鼓励，我备战中考愈加认真，“如果能考进来，当最后一名也乐意。”最终，我幸运地圆梦晒布，迎来三年美丽的深中生活。

高一下学期参加戏剧节活动，在表演《日出》前与同学们的合影

深中给了我发现自我的平台。每天下午放学到晚自习之间的自由时间里，我参加过不少社团活动，涉猎社会时事、语言逻辑、戏剧、音乐剧等许多方面，在此期间增广见闻、学习技能。心智越野、戏剧节等校园活动带来的是从未体验过的新奇经历，生涯历奇使我进一步思考如何过好深中生活、如何选择人生。

深中让我结识许多优秀的同学。在我第一天来到深中时就发现，身边的每个同学都优秀可爱而充满闪光点。初入学时，博雅班的同学可以玩上一节课的飞花令。高一语文课上，面对老师提出的话题，许多同学抒发己见，可谓“便言多令才”。课间和放学时，常见同学们探讨的身影，话题可能是一道棘手数学题的解题心得，也可能是热点时事。同学们没有因我不善言辞又没有特长而嫌弃社恐的我，反而在很多时候包容或指出我的不足和缺点，帮助我改正，拥有这样的同学、朋友令我感到十分温暖与感激。

深中带我领略高中知识的奥妙。在我眼里，深中的老师可亲可敬、学识渊博，把学科素养融入讲授的每一节课里。特别是高三的十个月中，老师们带我们一次次细致地梳理知识；一对一地为我们分析试卷；指出我们近期学习的不足；帮助我们调整心态。在生活上，老师也常常与我们分享生活与智慧，帮助我们适应各个阶段的高中生活。老师们是可敬的师长、战友，也是朋友。是他们让我也想以后做一个传播知识和智慧的人。在此，我向高中三年的所有老师致以最真挚的感谢与祝福，感恩他们的奉献。

当然，在深中的学习生活也不免遇到压力。还记得在语文课讨论之后我常常陷入“班强我弱”的焦虑中，在看到社团学习两不误、技能树点满的同学时深感自卑，在看到浮动的排名时被种种情绪包围，为我没有推动校园建设而惭愧……深中给了我这么多，我能回报她什么？压力催人奋进，高中三年，学习一直是我生活的主线，我希望交上一份令所有人满意的答卷。

遗憾的是，荣光并不属于我。高考分数公布的下午，我看着短信上的两个三位数发愣，它们或许是我最坏的预期之一。我大概无缘为学校的第一份喜报多贡献一个数字，无以回报师长和学校的期待，无法成为回应老师的嘱托、成为“撑起深中历史方向的成绩”的人。一时间，我深感万念俱灰。

就是这两个数字定义了我的高中生活，为我这三年做结束吗？过了很久之后我才想到，或许并不是这样。因为深中给她的学子的东西，难以用数字量化。回首三年时光里的收获，感到深中是如此精彩，成绩只是其中一种诠释收获的方式；更何况她如此包容，光环之外的人也不会离开其怀抱。

如今，我幸运地被南京大学录取，将要开启人生的下一个篇章。带着深中给我的所有，以一颗理想主义的心坚持着梦想，想要投身历史学的科研之路。过了很久之后我也想到，做一个有深中气质的公民，做好自己从事的事业来服务社会，或许仍是我可以做到的对深中的回报。就这样，我似乎与这个高中生活的句号达成了和解，领取了凤凰花的最后一份馈赠。

纸短情长，词难达意，感谢看到结尾处的读者朋友。时间如流，2023届学弟学妹们的故事马上就要开始了，在此，我向学弟学妹们致以最美好的祝福，同时由衷地希望深中的发展越来越好。

深中学子丨蒋宇萱

回忆我的高中三年

2022届高三（2）班毕业生，被哈尔滨工业大学（深圳）自动化专业录取。

教师评语

蒋宇萱是一位安静、有修养的女生，理性而有思想、有才气，追求个性而不脱群。在深中的三年，她完成了华丽蜕变，从默不作声、略有怯场，到鼓起勇气参加辩论会并获得冠军；从安之若素、沉浸书海，到重拾小提琴上台表演。最让我佩服的是她面对人生悲事的坚强。愿宇萱不忘驻足欣赏夕阳、仰望头顶星空、奋斗拼搏的岁月，更愿宇萱在新的人生路上走出新的精彩！

——班主任　曾劲松老师

我是一个普普通通的深中学子，我来讲讲属于我的深中故事。

一、从“小透明”到辩论冠军

初入深中，我便感受到身边“大佬”云集。心智活动，有些同学迅速和学长学姐打成一片，他们很有想法，也很有领导能力，在“撕报纸”“站立”的团队游戏中迅速占领主导地位，而我只是一个“小透明”，默不作声，把分配给我的活儿做好。在竞选班干部时，我其实很想举手，但心中敲起了退堂鼓：“你有那个能力吗？你能讲得比这些同学更好吗？你有勇气接受失败吗？”我做不到。我习惯了依据成绩获取资源，我习惯了被动接受老师分配给我的职务。好在，我是一个懂得反思，也渴望进步的人。我抱着敬畏之心，认真观察身边的同学，并从他们身上不断学习，渴望着有一天我也能像他们那样闪耀。

很快，机会来了，“百团大战”！我清楚地记得是由熊南熙学姐在宣讲会上介绍了debate society深中辩论社。我之前了解过辩论，对辩论很感兴趣，看过不少辩论赛，也参加过一些班级辩论赛，我当即决定，加入辩论社。可是，问题来了，我是一个连上课举手发言都不敢的人，怎么在那么多评委老师、观众面前唇枪舌剑，输出观点呢？“我有这个能力吗？”心中的退堂鼓再一次敲响。当时是怎么克服心中恐惧的，我已经记不清了，唯一知道的，就是我做出了人生中第一个最为勇敢的决定——参加校辩论赛。从产生这个想法到组好一支6人的队伍，只花了一天。就这样，带着我也不知道从哪来的勇气与一腔热忱，我们出发了！

我们队不一定是实力最强的，不一定是口才最好的，也不一定是辩论技巧最熟练的，但我们一定是准备最多的。记得当时，食堂、天井、宿舍，都是我们讨论的场地；吃饭、傍晚、凌晨，都是我们讨论的时间。为一场辩论，文献读了几十篇，立论修改好几次，攻防、自由辩套题都要写稿子，升华还得准备几个方向。有一次临场换论，之前准备的几乎全部要推翻重来，大家也没有任何怨言。现在想来，那段时间真是挺辛苦的，可是我当时不觉得压力大，反而每天都兴致勃勃、热情满满。

还有一点，我们队的带队学长学姐，一定是付出最多的。学长学姐给我们提供了最耐心细致的讲解和经验传授，陪着我们一次又一次地讨论，一遍又一遍地修改。我们没有辜负王伯元学长和王嫱学姐，我们拿到了冠军！

仔细想来，高一的辩论赛可以称得上是我高中三年最精彩最充实的一段时光了，我永远怀念那段日子。奈何后来我与辩论渐行渐远了。

二、很难用一句话概括的高二

高二来到新校区，建筑宏伟大气，但苦了搬宿舍的我，从门口扛着床垫走到宿舍，那真是我走得最漫长的一段路。新校区庄严肃穆，但高二（5）班轻松活泼。班里同学很活跃，上课踊跃回答问题，尤其是化学课，总有“大佬”积极跟老师探讨各种前沿问题，同学们的知识储备真是让我目瞪口呆、望尘莫及，同时我也在暗自加油打气，希望有一天能与之比肩。

我的高二记忆，还充满了一次又一次的考试，有“及格万岁”的物理选择题测试、高考难度的生物小测，还有写在A4纸上的物理作业，背得头昏脑涨的文言文小册子，以及一直悬在头上的“四校联考”的deadline（最后期限）。

高二的学习压力很大，但同学们总有各种方法化解压力，每个课间我们都会踢毽子，经常是十来个同学围成一圈，把狭窄的走廊围得水泄不通。最开心的莫过于把毽子踢得高高的碰到天花板，“砰”的一声，感觉压力都被释放了。还有史强老师课前的定场诗以及排箫表演，点燃了每一节数学课，每每想起便会心一笑。不得不提班级后面的那块白板，充满了同学们的涂鸦和每日笑话，这是课间一定要去欣赏的景点。

值得说道说道的还有班级新年音乐会，这是由范文嘉老师组织的，属于班级读书分享会的一部分。为了这场演出，我重新拾起了三年没动过的小提琴，每天在宿舍练琴、练琴、练琴。我算不上技艺娴熟，但不想失去这次展示自己的机会。然而，由于表演经验缺乏且过于紧张，正式表演拉到一半我忘谱了，手也抖到不行，完全可以用灾难来形容。虽然这次演出不成功，但也是我宝贵的经历。

三、人生就是大起大落

高三过得很开心，这是因为我们班的同学乐观开朗、积极向上。乐观，指的是擅长用幽默消解压力；积极，指的是大家学习主动性强，班内良性竞争、相互探讨。课堂上总有同学站起来发表自己的观点，然后引入更深层次的讨论。遇到不懂的问题，前后桌问一问，总有同学可以解答。大家也会为小测苦恼，但从不因成绩好坏而过分在意，第一名不会引起嫉妒，最后一名也是一笑而过。每次考试倒数的同学都不会公布名字，只有学号，我们将其戏称为“屏蔽生”。这不是因为大家一点儿不在意成绩，而是因为，很有可能上次考试的第一名，这次考试就垫底，这都是很正常甚至经常发生的事情。

疫情封校期间，我经常和同学打羽毛球。每天最快乐的事情就是下课铃一响，冲到“有品”去抢场地，打球让我忘记忧愁和烦恼，一个小时下来神清气爽。打完球与球友们一起去食堂大快朵颐，闲聊一二。有时打得尽兴忘记时间，以至于食堂关门了，那就去宿舍泡一桶方便面，再加上一小碗粥、一杯奶茶，不失为一顿美餐。

深一模考了年级第五、深圳市第八，这是我考过的最好的名次。其实考完我就有预感，这次基本没犯低级错误，应该考得不错。看着自己的大头照贴在红榜上，我的心中充满斗志，我相信自己还有很大的进步空间。我理性分析了各科的不足，制订了详细的计划，感觉未来每一天都可以不断进步、超越自己。

可人生就是这样，总不如你意。深一模成绩公布不久，我人生中最大的噩耗降临。至亲去世，回家奔丧。这段心路历程我不想回忆了，每次回忆都很痛苦很难受。两周后回到学校，我的情绪非常容易崩溃，但我不想让同学们看见，也没有告诉任何朋友，不想他们为我担心，也不想影响他们，毕竟这时离高考只有六七十天。我一个人走在路上时会泪流满面，或者一个人躲在宿舍痛哭流涕。知情的老师们经常安慰、开导我，我非常感谢他们的关心，但每次他们找我聊天，我却忍不住更加伤心。我知道这是要伴随我一生的伤痛，无法愈合，只能用时间淡化。我拼命提醒自己，去学习吧，将情绪尘封，等高考后再开启。可脱离了情绪的人仿佛木偶一般，每天只是机械地填满学习时间，完全没有动力去进行思考提升。对当时的我来说，学习不是一剂解药，勉强算作一剂麻药。

最后的几十天我没有什么印象了，仿佛就是把一天过了几十遍。最后一科考完，我的高中生涯结束了。

四、结语

深中这三年，就像是一场梦，醒了很久还是很感动。离开深中，愈发想念深中。想念静园的大碗饭，想念和园的自选，想念新校区每天中午排长队的麻辣烫，想念一下课就冲出去抢羽毛球场的时光，想念有品楼上的篮球场，从那里可以看到在操场上跑步的同学。想念驻足欣赏夕阳的走廊，想念晚自习下课走回宿舍时头顶的星空，想念那段奋斗的岁月。

是啊，也难怪大家都说："深中的生活太精彩，以至于怎么过都是浪费。"学弟学妹们，请珍惜你们在深中的时光吧，那将会是一段熠熠生辉的岁月。

谨以此文，纪念我的高中三年。

深中学子 | 张　著

深中，激活我思想的马刺

2022届高三（14）班毕业生，被中山大学海洋工程与技术学院录取。

教师评语

高三的生活充实而紧张，张著同学依然有能力过得从容不迫。第一印象是他的计划性，每日、每周、每月的学习计划安排得明明白白，既提高了学习效率，又让每天过得有节奏感。

作为班级的一员，他很乐于分享，不管是学习经验还是正念。班会课上，他带着同学们尝试用正念提高专注力和减压。

张著爱阅读，他还有一惊艳的才华：软笔书法。他会被语文组老师邀请写对联，也会让同学们收到极佳的毕业、新年礼物。

——班主任　陈晓渝老师

毕业之后，我曾因一篇对比我校普通班和某校尖子班高考成绩的推文而反问自己："何为深中？"当然，我相信这个问题的答案在每一个深中生活的亲历者中都是明确的。但是它对于媒体、社会而言却是模糊甚至是神秘的。同样，很多深中的家长其实也不了解深中，这也导致了他们与孩子之间的隔阂。

事实上要解决这个问题，我觉得首先不能把深中单纯看作一所学校，"深中"二字本身于每个学生和老师就有不一样的含义。它其实是一段经历，一次成长，一种回忆……每个深中学子都会对"何为深中"有不同的答案。

于我而言，如果要用一句话概括深中，那么我会说："深中是激活我思想的马刺。"

高一：灵魂和肉体糅成一团，混沌而无法分离的日子

记得三年前，我拖着行李穿过学长团的迎新队列，路过成美楼，心中的激动一阵阵翻涌。随着我一步步走近"钥匙妹"，就如一步步走入深海，热血与澎湃渐渐漫过头颅……就在那一瞬间，我仿佛置身于2016年的深中宣传片中，感慨自己成功到达了一个充满浪漫和理想主义的圣地。

可是，当所有的新奇乱炖在一起时，滋味不一定甘美。高一的同学个个牌匾明亮，不是某某区状元就是竞赛"大佬"，当过各种班委，拥有各种特长……当我得知别人已早早学完一两科高考科目（而我只预习了新课）时，难免有些震惊。深中同学还有的鲜明特点，就是他们都有一种落落大方、侃侃而谈的气质以及无限的亲和力，这使得大家既是陌生人，又像一家人。

刚入学的我以为自己早早做好了拥抱新生活的准备，然而现实却如逼仄的四壁朝我步步紧逼，我四处寻找出路却让人碰得发怵。九科学业，加上生涯、艺术、实践、通用的deadline（最后期限）轮番碾压，还要抽身参加比赛和各种校级活动，这一切似乎让我过早地经历了大学的生活——一种不以学业成绩作为唯一标准的生活（当然这是当时想象中的大学生活）。当你经历过这样的淬砺后就会发现自己的综合能力有很大的提升，同样也把自己的不足展示出来，从而督促自己去努力学习，不断完善自我。

高一仅上了一个学期，新冠疫情便给世界当头一棒，网课生活让我可以

专注于学业，日子也得到喘息……

高二：灵魂与肉体开始分离的时候

也不记得具体在什么时候，我向好友询问后开始阅读一些哲学史和后现代的哲学作品，思辨能力得到锻炼。并且，由于新校区图书馆的装潢过于华美，藏书过于丰富，我也经常去附庸风雅，借阅一些书籍。我时常因余光中、史铁生的语感沉醉，阅读马尔克斯、波拉尼奥浸满狂野与力比多的文字，见证了阿多尼斯登基风的君王，也到访过三岛由纪夫的金阁……阅读让我重新找到了自己，它让我回到西伯利亚和黄土高原……

此外，高二期间我接任了绯青书画社社长一职，和其他社团高层一起安排社课、筹划游园会和书画展，不断学习也不断试错，同时也去尽力丰富自己在书法理论层面的知识。但由于疫情，游园会和书画展没能顺利举办，也让我们社团成员的准备付之东流，这成了一个巨大的遗憾。那次试错经历也让我感慨绯青书画社不能像主流社团一样靠拉人气、评十佳来发展，应该走出自己的路子，“小国寡民”才是她的特点。

高二下学期课业变得紧张，我也开始变得浮躁、焦虑。大约在学习完庄周的《逍遥游》后，我的三观受到了震撼，机缘巧合，不久后开始训练正念冥想。在这之前，我也抱有一种刻板印象，经常把它和“打坐”“瑜伽”“冥想”这些名词捆绑在一起，认为这些东西不适合作为青春的底色。事实上，正念的智慧属于每一个人，它是被共享的。这个世界上，总有你不曾到过的花园。经过诸多练习，我能在平时的学习中调整心态，睡眠质量也得到相应的改善。

正是高二经历过上述的改变，我也开始反思自我，反思社会，反思时代。当我感到困惑时，又会求之于好友或书籍，从而形成一个循环，不断进步，踏勘未来。

高三：我享受灵魂与肉体分离的时间

现在回想起来，高三相比于前两年，虽然有繁重的课业，但也是最纯粹的日子，我不禁自忖“象牙塔”何得其名，但越想就会有越多感伤。

在听过傅佩荣老师的国学课后，我开始对占卜和《易经》产生兴趣，并开始接触。占卦解卦一事确实需要经验，不建议年轻人涉入太深。我还记得当时宿管老师看到我桌上的《易经》注解书时，透露出的惊奇和担忧。其实他也是《易经》的爱好者之一，和我谈论了不少（深中的宿管老师都那么棒，不打算来体验一下吗？）。我曾在高考前起过两卦，当时似懂非懂。而当我站在高考后的时间点上回望我的高三，我就顿悟了曾经占出的卦的卦辞含义，至今余热仍存。尊重自然、尊重生命是我信奉的法则。

上高三后，我开始尽可能依靠自己的力量学习，同时遵循着老师指点的轨迹。学业上获得的提升，可以说是“一年抵三年”。我享受这样的感觉，我的生活舒朗、充实。

高三上学期学业还没那么紧张，我在闲暇时创设了自己的公众号——文锦北浴缸，以商汤盘铭的典故立意创号，发点阅读感思、电影解读。这不仅锻炼了我构思撰文的能力，也促使我学会了很多编辑排版的技巧。文章在身边同学圈里收到很多反响。高三疫情封闭管理期间，我还经常和三五好友在晚自习结束后聚在一起谈天说地，痛饮朵颐，交流“人生”经验，共同憧憬未来……那段日子过得十分畅快。

思想的马刺

也许你读得仔细，可能会记得文章开头有谈到一篇文章，但当你看到这里时，那篇文章已经不重要了。什么是教育？何为深中？我可能也说不清。但我知道，我的思想被激活了。如果不能让学生独立思考、独立学习，只将卷面成绩作为量化指标，这样的结果如何能让学生面对社会、走完余生？螺丝滚起来的轨迹是一个圆，而我们的希望是一起朝前！

或许社会关注的指标实际上只有高考成绩，但学生最清楚支撑自己走完余下几十年的是什么。我想到《死亡诗社》这部电影，我不保证电影名中的“死亡”与苏格拉底口中的一致，但其内核闪耀的光谱相去不远。就如电影中的基廷老师解救了学生们的灵魂，深中也为莘莘学子提供了这样的机会。也正因如此，那句“Oh captain，my captain”才会在深中学子中广泛传递。

结语

在度过了一段大学时光后，我对自己当初选择的评价可归为六个字：正确！正确！正确！“天下熙熙，皆为利来；天下攘攘，皆为利往。”大多数人都会不得不选择通往世俗成功的道路，即便如此，深中也是不二之选，因为她是种梨得秋的理想田园，是我们的精神永乡！

时临五月，想必深中街18号的凤凰花已含苞待放。

这些说不出、道不尽的感觉等待你来体验！

第三章

自我探索篇

——行是知之始，知是行之成

古希腊奥林匹斯山上的德尔斐神殿里有一块石碑，上面写着“认识你自己”。苏格拉底将其作为自己哲学原则的宣言。经典的人生问题：我是谁？我在哪里？我要到哪里去？我该怎么到那里去？这些问题的思考对于青少年未来的人生规划有着非常重要的作用。认识自己并非易事，但这些学子在凤凰木下孜孜不倦地进行着自我探索，他们有的在经历挫折之后，拨云见日，明确了自己的方向；有的还在上下求索、寻找自我的道路上……读一读他们的文章吧，也许这会给你带来一些启示、一些温暖、一些力量。

深中学子丨艾心玥

深中六年，我真切地感受到了蜕变

2022届高三（1）班毕业生，
被北京大学信息科学技术学院录取。

教师评语

艾心玥是一个开朗而沉稳、聪慧而勤勉的学生。即使历经高一高二数学竞赛结果的不如意，12月底才开始高考备考的巨大煎熬，以及过长时间停课后综合考试的诸多挑战，她依然能以良好的心态克服种种困难，持续向上，给身边的人以鼓舞，给班级带来正能量。“精诚所至，金石为开。”愿艾心玥同学在北京大学信息科学技术学院继续秉承深中精神，“追求卓越，敢为人先”，久久为功，实现梦想！

——班主任　全天飞老师

一、初中：希望的童话

我与深中的故事开始于西校区的四号楼。那里的楼梯被粉刷成蓝色，比寻常的要陡上不少。一级一级地向上时，还可以欣赏到“初三加油”的手抄报。爬到五楼，也就是教室所在地，就可以放下沉甸甸的书包，开启新一天的学习了。

犹记得我特别盼望上赵老师的外国历史课和吴老师的Public Speaking，它们能奇妙地将平凡的一天粉刷成五彩。此外，我每周最盼望的便是周记本上的评价，为此，我更加留意身边的美好，将它们定格在我的周记之中。有时，秦老师会在班上将我的周记朗读出来，虽觉害羞，却也暗自骄傲。

中午最后一节下课铃响起时，同学们都蜂拥向食堂跑去。即使下着大雨，也难以减慢大家对食物追求的步伐。我们曾短暂地成立了一个音乐社团，在午休时间排练，为展演活动奋力准备着。而放学后的阳光体育运动，更是解放了我安分一天的四肢。

充实我初中后半段生活的，是放学之后的数学竞赛课。我享受着张建强老师在黑板上写下一行行关于数论基本定理的证明，也喜欢自己在脑海中初步搭建逻辑证明体系。在此基础上，我将一道道题目抽丝剥茧，分布到各个串联的定理基石上。

仍记得一次我刚上完竞赛课，走在几近黄昏的街上，回味着课上的一行行算式。霎时间，路灯亮起，似乎将我圈在一片光晕之中。我突然感到，一次次的推演，都像一双双拨开迷雾的手，在最后写上“得证”两字之前，光明正在一寸一寸地到达。就在这时，我深切地体会到了解决问题的快乐。而这段时间的数竞学习，也坚定了我后面的竞赛之路。

二、高中：曲折中闪烁

因为备战高联而错过入学教育，我在考试结束的浑浑噩噩中才意识到高中生活已经开始了。在竞赛考试发挥失常的阴霾下，我一天一天麻木地上着课，颇有混日子的感觉。看着周围的同学因参加清北的金秋营而空出的位置，我默默地进行着反思。从平时的竞赛学习中切入，我发现了自己思维的懒惰性。我曾陷入盲目追求刷题数量的怪圈，即将自己塑造成了一个“努力”的人。可怕的是，我却未曾察觉自己的思考能力已经停滞不前了。然而，发现问题较为容易，在实践中解决问题却很困难。

正式发布高联名次后正巧遇上运动会，我与班主任李绍明老师在看台上进行了一次深刻的交谈，而那场交谈也使我一个月压抑着的悲伤情绪迸发出来。我很感谢李老师在那时帮助我将悲伤化作动力，使我和小伙伴们在之后一小时内进行的4×200米混合接力中取得了一个不错的名次。

回到家后，我回味着冲刺的感觉，感觉像是有一种力量支撑着自己重新调整状态，重新回到数学竞赛的赛场中去。而这种想要“证明自己”的念头，赋予了我更热烈的动力。在之后的高一学习中，每当我因为平衡课内和竞赛而疲惫时，每当我因为竞赛模拟成绩难过时，都会想起那一次含泪的奔跑。“前进吧，前进会使你产生信念！”达朗贝尔说道。

我大胆地停掉了许多课程（一些冲动行为），花更多的时间进行竞赛学习。在竞赛教练和家长的鼓励下，我重整旗鼓，再度出发。

高一一年，我推掉了很多课外活动，将自己沉浸在题目中。为了戒掉思维惰性，我几乎用一整个晚自习思考一两道题目。在思考的过程中，我强迫自己尝试各种想法，强迫自己在绞尽脑汁后仍不放弃。慢慢地，我独立思考的能力得到提升，尽管这个进步对于大多数同学来说是理所当然的。

希尔伯特说道：“我们必须知道，我们必将知道。”在数学的学习中，我有过不知所措的焦虑，有过囿于困境的迷茫，有过冲不破自己思维枷锁的黯然；我更有过酣畅淋漓的兴奋，有过蓦然回首得见灯火阑珊处的大悟，有过悟出自己特立独行的思路的满足。对于我来说，这一次次的经历和理解，都是构筑我思维世界的一草一木。

努力过后，得见曙光。在高二开学的高联中，我虽没取得特别优异的成绩，但进步确实不小。我也因此获得了参加高校金秋营的机会和下一年女奥的入场券。

高二的数竞学习时间更加宽裕，但现在回想起来，我个人的确是有点松散。每天下午，金老师都会给我们准备四五道质量较高的题目。一下午的时间，我总能沉浸其中，虽然有时会因为毫无想法而慌张，有时也会因为顺利做出而自喜，但沉下心后的思考，收获确实很大。然而，临近女奥，我的做题态度却没有及时调整到最佳状态，思维惰性又再次占据了上风。

两天的比赛，恍若隔世。当我在珠江边散步时，泪水涌了上来，觉得可能成绩不理想。最终事实也确实如此，我因一个得分点之差没有进入省队。回来之后，心态或多或少有些影响，突然有一刻对自己的坚持动摇了，觉得早一点回去准备高考说不定会更好一些。于是就这样颓废地度过了几日，我开始进行反思。

我觉得考试失利的很大一部分原因是自我感觉太良好了，没有把心态放在一个正确的位置上，甚至有点盲目自信。一些自我“以为”水平足够的想法和一些对自我水平的高估都影响了考场上的心态。我逐渐认识到，其实自己的水平并没有达到预期，而这种落差感本质上是我失望的来源。还有不到一个月就是最后一次高联了，我努力将自己沉潜下来，进行平时自己最忽视的一试训练。

抱着为数竞生涯画上一个圆满句号的想法，我走上了考场。脑海浮现的是朱华伟校长为我们加油，是教练组给予我们的鼓励，是父母坚定的支持。还记得有同学在我女奥失利后问我：“你还坚持吗？”我的回答是：“破釜沉舟。”

考试结束后的晚上，我来到高三报到，开始着手学习因竞赛落下的一门门课程。开始的过程总是艰难的，我难以摒除脑海中因失去竞赛而产生的空白感。所幸，我遇到了一群认真负责的老师，他们一步步地带领我步入正轨；我有一群可爱鲜活的同行者们，他们给这一段艰难的适应期带来了许多欢笑。

然而，我又是无比幸运，竟出乎意料地进入了省队。不过，这个机遇又是伴随着极大的不确定性。由于疫情原因，比赛被推迟到12月底举行，这也使我在高考和竞赛两者之间难以找到平衡点。然而备考期间经历的一次严重过敏，又让我重新燃起了斗志：我不断提醒自己“天将降大任于是人也……”前行的路虽然曲折，但总归有光在路的尽头闪烁。我深知自己的水平很难恢复到联赛之前，但又抱着破釜沉舟的心态，希望能够有奇迹出现……

寒风吹过12月的福州。犹记得在数奥（CMO）现场签名墙上写下的“高考加油”，后面回过头再看时，发现这四个字后面跟了若干个“+1”。我以为是有很多跟我一样的高三“老人”独有的感触，直到第二年，我才后知后觉地发现，其实有很多高一高二的“大佬”们可以提前参加高考。

和深中的老师、同学们一起参加竞赛

考试之后，我也正式结束了竞赛之旅。当天晚上我便回到深圳，回到学校，再度开启我的高三生活。颁奖礼几天后进行，又是极好的运气，我压线获得了银牌。很感激一路上一起坚持的教练、老师、家长和朋友们。正是因为你们，我才能有机会触碰到能力的上限。

面对着仅剩五个月的高三“余额”，我又紧张了起来。一轮复习的尾声已经到来，而我却连简单的知识体系都还没搭建。最初的几个星期，我都在自我怀疑中度过，觉得压力无比巨大。

一切都在封闭式教学的过程中步入正轨，我的名次也在不断地前进。我最享受的时光是放学后在操场上跑步，再在汗流浃背时对着天空大口地吸气，仿佛每个毛孔都在宣泄它们的情绪。

五月的凤凰花格外灿烂。进入自主复习阶段，我努力抓住每次答疑机会，经常拿着一沓以前考过的卷子去问全老师问题，而他也非常耐心地回答我一个个奇怪的提问。很感激杜老师用空闲时间批改我一篇篇病句数不胜数的作文，也一直铭记Nancy老师踩着高跟鞋跟我一起在四楼狂奔赶上课铃的场景。还记得陈特的一句“最近进步很大”让我高兴了一整天，以及张红兵老师为了让我提升自信在小测时的慷慨给分，还有嫦圆姐“成绩波动说明你在进步啊”的鼓励。而现在，从初一一路到高三，教我们数学的曾老师那铿锵的一句“你绝对没问题的！”还清楚地回荡在耳边。

最后一场生物考试结束铃响起，我望着昔日玩耍的空荡走廊，默默地说了一句：“我的高中生活就这么结束了。”

感谢在深中的这六年，让我有了一个可以发现自我、挑战自我的平台。正是因为它美好又理想的氛围，我在其中学会了怎么歌唱自我，怎么与挫折共舞。我也由一只初观世界的雏鸟，逐渐丰满羽翼，去寻觅更远处的风景。这一场跌宕绚烂的梦，撑起了一片青春的天空。

深中学子 | 郭金君

深中是一个有魔力的平台，它给了我寻找自己的底气与力量

2022届高三（19）班毕业生，被康奈尔大学建筑系录取。

教师评语

一年前的愚人节大清早，康奈尔大学放榜，金君同学开心报喜："老师真给你说中了，我录了康奈尔！"一时间，真是为她激动！这个低调又温柔的小美女，一直有着自己的坚韧与勤奋，三年来不断向前。她在康奈尔也成绩优异，今年被授予院长嘉许名单（Dean's List Award，美国大学对最高学术能力学生的嘉奖），从深中到伊萨卡，继续自己的青春童话。

——班主任　陈励老师

一、认识与接纳自己

从田贝到晒布到泥岗，从东校区热闹的地下排练厅到肃静的维也纳金色大厅，再从舞台上的贝斯手到康奈尔的建筑追梦人，深中，见证了我的六年。迷茫，突破，蜕变，这三个在先前篇章频频闪现的词汇，如今也成为我这段光阴的准确注解。

随深中乐团于维也纳金色大厅演出

我向来是个性急之辈，从田贝初三毕业的那个暑假开始，我就执着于探索自己的未来方向：是继续沉浸于音乐的海洋，抑或投身德语的学习，又或是聆听母亲的劝言，修读经济学？问题不绝于耳。我迫切地想给自己一个答案，却发现，我好像都不知道自己到底喜欢什么。而这个快节奏的社会，好像也没有给我去静下来寻找答案的时间。

这种迷茫与焦虑的情绪延续了大半年，转机是2020年疫情的突如其来。在家上网课的几个月，我别无选择地与自己进行了日复一日的相处，也因此养成了写日记的习惯，开始喜欢用文字来抓住情绪，直面曾经会逃避的状态。在这期间，我看了很多部纪录片，“Abstract：The Art of Design”（《抽象：设计的艺术》）便是其中之一。也是因为它，我对建筑逐渐感兴趣。但由于建筑这个领域的陌生性，让我有些许犹豫。然而机缘巧合下，从班主任陈励老师那儿了解到了一个正在举办的舞台设计比赛，我便和几个同学决定试一试。意想不到的是，这一次设计的初尝试便斩获了全国银奖。

在之前短短的十几年中，我一直在追求每一件事情的正确答案，也不自主地拟定任何事情都会有一个答案，所以我一度逼自己要在特定的时间做出所谓“正确”的选择，然而我发现，在海外大学申请这条路上，从没有标准答案，我们都是自由的个体，而契机也完全有可能偶然地出现。在意识到这一点后，我的心态发生了彻底的转变：既然无法急于求成，不如静下心先与自己做朋友，在提高自身后自然而然地就会找到自己的方向。就像在毕业后的几次宣讲会中，我都把申请大学比作一场“相亲”——真正适合你的大学会因为你是你，而与你相互选择。

二、沟通的勇气

小时候，每次和父母发生矛盾，我的解决方法都是嘴角一咧便开始哭，然而往往付出了眼泪却未必能换来理解。随着年龄的增长，眼泪的情感宣泄逐渐演变为沉默的回避。面对问题，我总是躲进自己的房间，避免沟通。对于那个思维不成熟的自己来说，沟通一直是一项艰难的任务。然而，在深中的这几年，我通过学习与历练，逐渐培养起了坚定的沟通逻辑与自信。

从高一开始的公共演讲课程和辩论活动，到高二高三的AP课程项目合作和结题展示，一切的一切都在不断推动着我勇敢表达自己，同时努力理解他人观点。我由一个在人群中讲话会颤抖的高一学生，成长为大学阶段能够自信发言的深中学子。我坚信，掌握沟通技巧是迈向成功的第一步，而深中提供的灵活而富有挑战性的AP课程，极大地锻炼了我的口头表达能力，也让我养成了用文字整理思路的习惯。

从2016年进入深中初中部开始，我便是深中管乐团的一员。在高二那年，我担任了深圳中学管乐团的学生负责人。在管理原有乐队的同时，辅助指挥黄橙老师组建了弦乐团。我当时负责初高中部的招新，因此与各年龄段学生及其家长沟通的重任也随之落到了我身上，这对我来说无疑是一个巨大的挑战与历练。然而，当某一天我走在校园里，被迎面走来的乐团学弟学妹大喊“学姐好”时，便感觉这一切的付出都是值得的。

我的升学指导老师Hiram在与我修改文书期间常常提及的一句话便是“Show, Not Tell.”时至今日，我认为一篇好的、能引起人们共鸣的文章，一定是通过情景与细节的融合，而不是直接的叙述。

三、在舒适圈里行走，在改变中探索

我相信不止我一个人，从小就会听到这样的一句话：“想成功你就先得迈出自己的舒适圈。”

在很长一段时间里，我深信这一点。从初中开始，数理化一直不是我的强项，父母常常以“不急，努力就好，等到高中可能会好起来”来安慰我。然而，高一的成绩单再次证明，我还是不适合学数理化。当然我从不会刻意为难自己，与其硬碰硬地弥补自己的短板，我更愿意在热爱的领域里发光发热。

对我而言，舒适圈并非用来打破的，而是用来构建的。我从小就好奇心旺盛，愿意尝试新事物。幸运的是，我的父母总是耐心地支持我。虽然“三分钟热度”通常用来形容缺乏坚持的人，但对我来说，它是我探索旅程中的引导。我曾尝试芭蕾、小提琴、跆拳道、滑冰，但现在的我是一个在舞台上弹奏低音贝斯的建筑专业学生，也会在业余时间涉足摄影。尝试多了，我清楚地知道自己的长处和短处。因此，当周围的人在试图跨出舒适圈时，我却在寻找自己的舒适圈。我一直坚信兴趣是最好的老师，改变对我来说从不可怕。

被康奈尔大学录取后，很多人问我：“你会改变专业吗？将来会从事建筑相关工作吗？”我的回答一直是：“我不知道。”也许我会一直对建筑充满兴趣，也许我会在大学里发现新的擅长领域，一切皆有可能。改变不应该被惧怕，舒适圈是我为自己筑起的，追随内心热爱，就是成功之道。

在大一的第二学期，除了建筑课程，我还选择了教育学作为辅修，并开始在当地小学一年级的班级中做志愿教学。我对教育的兴趣源自深圳中学国际部的“Peer Tutor”项目。高一时，已经完成大学申请的学长学姐们组成了各种兴趣小组，为同专业意向的学弟学妹们提供全方位的帮助和支持。我有幸加入这个项目，结识了一些对我产生重大影响的人，在他们的鼓励下，我坚定了走建筑师之路的信念。此外，我高一时的文学课老师Luan也在我的人生路上扮演着指路明灯的角色。我们最初的交流虽不多，但在一次论文修改期间，我向她表达了我对建筑的热情，她当即便找了许多建筑方面的书籍，还搜了一个纪录片，告诉我里面的建筑师是她的老同学，并把联系方式写在了一张小纸条上。那一刻，我深深地感受到了教育的魅力：是倾听，是理解，是尽自己所能给学生提供支持。

也是在深中的这几年，让我对教育行业有了浓厚的兴趣。当我自己站在教室前面的那一刻，面对着那21个肤色各异、性格各异的小孩时，我也以同样的方式倾听、理解、支持，迈出了新的探索步伐。

深中是一个充满魔力的平台，它让迷茫者找到方向，让沮丧者找到希望。它见证了我的成长，给我提供了机遇，也同样向我证明了，在这里，我们可以活得如此自由而热烈。

深中学子 | 管　羽

直奔终点，路程不一定最短；忘记终点，走出自己的道路

2022届高三（2）班毕业生，被清华大学电子工程系录取。

教师评语

身材高挑、帅气逼人的管羽同学是一位个性鲜明的学生。初中就曾任学长团总学长，热心集体事务。他热爱篮球，球场上时常可以看到他活跃的身影。他热爱学习而不受制于功利思想，张弛有度。面对压力，他总能从容以对，取得一次又一次成功，进入清华大学正是他不畏艰难、勇于坚持的必然结果。高考不是终点，而是起点，愿管羽在新的征途，以崭新的姿态挥写灿烂人生！

——班主任　曾劲松老师

假定你在山水之间，地图上有你想要到达的终点，要求你在有限时间内走到。出发前，你只能看见地图上平面的方向信息，看不到实际的地形、风景，你会如何走？是定死这一个方向，就算中间是万丈高山也要克服一切艰难险阻，闷头走，还是收起地图，享受山水之乐？

高考，在我看来便是这样的命题。所有人一样长的十八年，一样的终点——高考（除非是国际部，在此不多做讨论）。而我，选择收起地图。

——题记

深中是我生活了六年的地方，早已成为我的精神故乡。毕业之后，高三班主任曾老师数次“催稿”，我迟迟未能下笔，总觉得没有什么想说的。在经历了一年半的大学生活之后，我对深中的思念之情愈发深切，对深中精神愈发认可。谈母校情结，未免空泛；学习经验分享，我自以为不够资格，散漫之人岂能误人子弟；回忆青春，但愿私人珍藏，不足为外人道也。因此，本文意图与读者交流深圳中学教给我的最重要的价值观。

先对自己的经历做一个简单的介绍吧：初中曾任学长团总学长，中考靠自主招生勉强考进高中部；高一选了数学竞赛，但竞赛成绩较差；高二回归高考，担任班长，参加篮球“深中杯”、足球“校长杯”，度过了极其快乐的一年；高三在2班经历了冲刺的一年，最终在高考考出了最好的一次成绩，现在就读于清华大学电子工程系。

在此，想与大家讨论一下意义的问题。人生的意义是什么？

我们当下的社会布满了焦虑，仿佛每个人都在拼命赶过人生中接踵而至的“DDL”。如题记中所写，大部分人都在为有限时间内能否到达那个他人标记为“好”的终点而感到焦虑。但是当我们细想，这种意义都是他人强加给我们的。你到达了他人认为好的终点，但你可能并不认为它好；又或者你到达了你觉得好的另一个地点，他人却说那里并不好。我们生活在一个过分功利的社会之中，“万般皆下品，唯有读书高”说的是读书方能换取功名利禄，“书中自有黄金屋，书中自有颜如玉”则又把读书当作了获取“黄金屋”和“如玉颜”的手段，忽略了学习真正的快乐在于学习本身。同样，绝大多数人都将高考看作人生的分水岭，仿佛唯有高分的人才能获得幸福。但是仔细想想真的如此吗？这种功利心态最大的坏处，在于破坏了我们感知和获得平凡幸福的能力。我们不再为学习到新知识、更加了解这个世界而感到快乐，反而感受到这些知识成为考点时的压迫感；不再期待相濡以沫的爱情，反而为平淡生活缺乏泼天的富贵而发愁；不再为做自己热爱的事情感到自豪，反而为它占用了学习时间而焦虑。

因此，我们更需要从这种功利的意义中剥离出来，也要从这套意义带来的“比较心态”中脱离出来。我从未认为我有任何相较于其他深中学子的优越之处。我认可自己独特的价值，也认可每一个深中人乃至任何一个人独特的价值，但绝不认为有任何优劣之分。

一旦从他人强加给你的意义剥离之后，我们便会惊觉：似乎没有什么意义是普适的。在此分享我个人不成熟的观点，我认为人生的意义在于让自己活得快乐，只有快乐是所有人都喜欢的东西。不管是通过工作获得自我的认同，还是通过放浪形骸追寻灵魂的自由，还是通过让你爱的人快乐从而让自己感到加倍的快乐。正应当是这种快乐，支持我们做我们热爱的事，支持我们认可自己独特的优秀，支持我们成为我们想成为的人。

这也正是深圳中学的传统。深中过去或许不是深圳市成绩最好的高中，但却是最自由的高中。在这里，我们认可着每个人除成绩外的价值，热爱着每个人独特的爱好。正因我们是深圳中学培养的个性鲜明、充满自信、具有思想力、创造力的学生，所以我们总是展现出理想主义的风采。我们之中，有热爱科研的，投身于科技前沿为人类的发展做贡献；有心系天下的，敢于在《涅槃》发表观点，伸张正义；有满怀责任的，希望通过自己的努力支撑起自己的家庭……正因我们对自己的价值深信不疑，有着明确而不为他人所裹挟的目标，深中才吸引了无数优秀的、认可深中精神的同学。在这里，我们成为最精彩的自己，日渐优异的成绩只是附属品。“优秀”不是我们的目的，而是我们天生就拥有的特质。我在给深中游园会准备文创时写下如下的句子：希望每个人都能摆脱他人口中的“优秀”的束缚，放心大胆地成为那个原本就优秀的自己。

以上便是我对深中最深刻的认同与归属感。因价值观如此，我的高中生活没有处在焦虑之中。我热爱篮球，没有错过最好的年纪、最好的兄弟们和那几场精彩的“深中杯”。相对遗憾的是，高三期间我也曾短暂地被高分至上的心态干扰过，但后来找到了更令我愿意为之付诸努力的意义去坚持（在此狠狠安利电影《无问西东》）。我享受纯粹的学习，作业只是我用来提高的工具，有用的就写，没用的就跳过，这也是我不想分享学习方法的原因。

最后给学弟学妹一些具体的建议吧：

第一，在高一高二就多利用网络去了解感兴趣的科目，除了了解世俗意义上的“前景好不好”，也多看看学长学姐的帖子，了解在这些专业的学习体验，看看从事这些专业的人的生活方式是否是你喜欢的。这样可以避免当大家盲目追求高分和所谓好学校或热门专业之后，受限于分数被迫选择自己不喜欢的专业。不知大家是否觉得高考志愿填报是件很匆忙的事情，出分后几天便要确定未来四年的方向，甚至可能是未来一辈子的发展方向。我和身边的同学都不止一次吐槽，如果早知电子工程系如此辛苦，就不选这个专业了。清华电子工程系学的东西真是令人瞠目结舌的多，还异常的难。我们作为深中的学生，应当有自主判断的能力，应该清楚地知道自己的爱好。也希望大家都有勇气不被他人的评价束缚，不忙于实现他人的期待，去选择、追求自己热爱的事业。

第二，建议学弟学妹勇于在课堂上向老师提出问题，知识点是连贯的，一个点没跟上可能会导致后半节课都没法理解好。不要考虑面子问题，你没理解的知识点可能也正好是大家没听懂的，请老师解释也会帮助大家更好地理解。此外，及时提出问题也能帮助自己将注意力集中在课堂上，提高课堂效率。

第三，不建议大家在没有把握的情况下学我不写作业。我高三查缺补漏也挺累的。但如果时间来不及，灵活一点不是坏事，要抓住重点。

在此感谢在深中遇到的每一位老师、同学，你们都是我深中生活里最好的同伴！

愿每一个深中人都能放下那张世俗画好的地图，勇敢地享受山水之间的美，成为最精彩的自己！

深中学子丨李劲鹏

在这里，你有无限可能

2022届高三（18）班毕业生，被康奈尔大学数据科学专业录取。

教师评语

劲鹏是个阳光开朗、思维开阔、热爱运动的“老深中”。从初一进入深中开始，他一直在数学竞赛的道路上努力前行，坚持探索，并取得了傲人的成绩。他不是一个埋头做题的苦行者，经常可以看到他驰骋足球场的恣意身影。

深中六年，劲鹏形成了这种劳逸结合、高效自律的自主管理的学习风格，并在紧张的学术活动和比赛之余主动关注校园，关注社会，坚持参与社区公益活动，并看到了自己想要追寻的目标与方向，支持他在学术发展、公益服务上坚定地走下去。祝愿劲鹏无论身处何处，都能永远保持热爱，奔赴属于自己的山海。

——班主任　王奕君老师

在深中你参加了哪些学生活动或比赛，在其中有什么特别的经历和收获？

在深中最令我印象深刻的学生活动莫过于学长团了。初次踏入深圳中学的大门的时候，我对于中学生活一无所知，对于和新同学接触也是感到彷徨。学长团的学长学姐用一系列破冰活动和他们特有的热情让我很快融入深中的大家庭。从那时开始，我就下定决心以后也要加入学长团去帮助那些迷茫的学弟学妹。步入高中的那一刻，看到整排的学长学姐齐声喊道“学弟学妹早上好，请往这边走”的时候，更加坚定了我内心的选择。高二我如愿加入了学长团，满怀期待地站在校门口，那句熟悉的话语终于从我口中说出。终于见到了这个世界上最可爱最聪明最令人开心的“小孩”（学长团对带班学生的昵称）啦！一见到他们，之前担忧的所有的事情都抛掷脑后了，担心自己在“小孩”面前过于严肃，担心自己会情绪失控……带着他们做“大风吹”，说“海龟汤”，跳奇奇怪怪的快闪……那天晚上，是笑着睡着的。这次学长团活动是穿插在军训当中的，学弟学妹军训一天很累，我真的很感谢他们都能坐下来耐心听学长学姐说话。那一个晚上，没有任何游戏，没有任何动作，23个人就静静听着3个人讲述着自己的故事，就这样静静地听着。很担心他们会觉得无聊，但是最后离别的时候，被问到“我们还有机会坐下来继续聊天吗”的时候，那一瞬间，有点绷不住了，这些话语，就是对我们这么多天晨昏工作最好的肯定！

最让我受益匪浅的是第一个月陆续跟“小孩”们一对一谈心。在跟他们的交谈中，我了解到了他们初次步入深中的担忧和疑惑，我也能够将深中的“追求卓越，敢为人先”的精神传递给他们。无论是在学习方面或是生活层次，能够帮助到学弟学妹让我感到十分满足。在帮助他们的同时，这些可爱的“小孩”也在帮助我。他们让我成为一个情绪更加稳定、更加体贴的人。与他们的交流让我的思路更加清晰，能够更好地去表达自己的想法。我也变得更加外向，更愿意去了解他人、去接触陌生人。

你眼中的深中有什么特别之处？

在我眼中，深中跟其他高中不能一概而论，它是最特殊的一个，也是我最喜欢的一个。初中就步入深中的我认为所有的高中理所应当拥有这些：完全由学生组织经营的游园会，不同单元之间的活动和联谊，充斥着不同思想主题的言论和话语的海报……到了大学之后才发现这些都是深圳中学的特例。它能够让每个学生在学校里最大限度地发扬自己的长处，去完成自己热爱、擅长的事情。正如同康奈尔大学的校训一般："Any Person，Any Study"。深圳中学让每个学生都能在校园里学到自己想要的东西，而不只是为了应付高考。

深中最特殊的地方就在于，它在注重学生学习的同时也很注重培养学生的思想和自主意识。在深中有大大小小百余个社团，在指导老师的带领下进行不同的社团活动。学生甚至可以通过学生组织给学校提出建设性的意见。

通过三年的学习，你感觉自己有什么变化？

在深中我经历了两个三年，这两个三年对于我来说是截然不同的。

第一个三年是初中的三年，刚刚步入初中的我意气风发，小学获奖无数让我觉得自己天赋异禀，大大小小的奖状奖杯让我觉得自己能够在学习的道路上继续一帆风顺。但是我在竞赛班见识到了什么是真正的天赋异禀，那些我所认为的骄傲、我所擅长的东西终将会有更厉害的人比我学得更好。经过这三年的挣扎，我学会了最重要的一点：接受自己的平凡。踏踏实实做好自己想做的才是最重要的。所谓人外有人，天外有天，总有人比你更加厉害，我只需要跟过去的自己比较，比原来的自己变得更加优秀就好了。我在不断跟过去的自己比较当中不断进步，踏踏实实刷了三个月的题目之后如愿考进了深中高中部。

第二个三年是全新的体验，从小的应试教育转变成为更加自由的走班课，学业也变得繁忙起来：在完成国家课程的前提下，还需要额外学习AP课程。课外需要准备标化考试和作品集，同时学长团和足球单队训练也需要消耗大量的时间。将有限的时间合理安排以及确定将来一段时间的奋斗方向成为重中之重。步入高中之后压力飞跃式上升，因为这个三年决定了自己以后的命运，也就是大学阶段的选择。因此在这个阶段，我最大的变化就是变得更有时间观念以及更能抗压。我学会了如何在大量繁忙的课业中精心安排好每一件事情，将每件烦琐的事情细分，高效、严谨地按照既定计划完成任务，确保能够在截止日期之前完整完成任务。

在深中，最让你难忘的人或者事情是什么？

高一元旦正值疫情刚开始的时期，我跟同班的两个同学决定在游园会售卖一些物件，通过自己的方式帮助武汉人民。我们准备了许多新颖的产品：往年优秀学长学姐的寄语做成的日历本、自主设计的富有深中元素的购物布袋子、非常可爱的印有深中Logo的玩偶熊…… 为了宣传本次游园会的活动，我们专门开设了公众号，在朋友圈大肆进行了宣传。效果出乎意料，人群蜂拥而上，我们的产品成为游园会的香饽饽。在一件件商品不断售出的时候，我也非常自豪，能够将这些富有深中元素、能够代表深中的东西卖给市民，这无疑是对深中文化和精神的传承和宣传。最终通过这次游园会活动得到的资金有一万余元，加上在班上筹款的金额已经高达六位数。我们联系家委，通过狮子会慈善机构用这笔资金购买物资，支援在武汉一线抗疫的医护人员。这是我人生头一回通过自己的努力赚取这么多的钱，这次活动也让我第一次感受到这种乐趣。在这个过程中，我也因自己能够成为深中的一员并且能将深中的精神发扬光大而感到快乐。之后印有深中Logo的玩偶熊也十分荣幸地被校长当作礼物赠送给了前来参观的教育局领导。

深中学子丨姜舒涵

山一程，水一程，昂首向星辰

2022届高三（1）班毕业生，被北京大学医学部录取。

教师评语

姜舒涵的高三生活可以说是极为充实，作为最早回归班级的竞赛生，他一路走来实属不易。在对高考知识点查漏补缺的同时，他还需要双线备战港澳台联考（科目、内容和分数分配与普通高考有较大差别），一轮复习后即离校集训。我们保持平均两周一次的通话，他每次都和我分享学习情况，诉说生活趣事。为了保全大局，他果断放弃英语听说考试（20分），足见其勇气和魄力，我也对他充满信心。最终，在普通高考中他同样取得了优异成绩。目标明确、冲劲十足就是对姜舒涵高三一年的最佳总结，带着这些宝贵的人生经历和优秀品质，相信他未来定能更上一层楼！

——班主任　全天飞老师

说实话，在上高中之前，我从未想过自己的生活会那么“五彩斑斓”。当时，我只是想着加入竞赛方向，圆我的竞赛梦罢了，但之后的结果却完全出乎我的意料。

一、竞赛之路

竞赛方向无疑是多姿多彩的。与和自己有同样爱好的同学一起奋斗，一起嬉戏打闹，实属一件美事。

第一年无疑是快乐的，看看书、做做题，时间就过去了。因为课程比较紧，不能参加太多社团，下课时的聊天便成为我们主要的“娱乐活动”。一边谈天说地，一边“漫不经心”地看书，别有一番乐趣。有趣灵魂之间的碰撞，金句频出，让我受益匪浅，不仅知识得到了拓展，我们之间的关系也被拉近。也是在这个阶段，我认识了许多志同道合的小伙伴，成为我一笔不可多得的“财富”。况且，怀着“反正是第一次”的想法去考试的我，也获得了一个令自己满意的成绩。

到了高二，随着联赛的时间一步步逼近，我们的心里也逐渐紧张了起来。虽然说因为老师不在而显得非常自由，但挑战也蕴藏其中——如何分配各个模块的时间？如何兼顾刷题与看书？如何有效地讨论出问题的答案？而我“以看代题”的做法很快就被证明脱离实际。于是，我最终采取了笔记记录与刷题讨论各占半天的方式。

高二的生活相对于高一确实单调了许多，但我们仍然有着自己的娱乐方式。酿了一瓶“酒”、养了4只“解剖用”豚鼠（虽然它们都以奇怪的方式离世以致教练否决了我们的解剖请求）、下棋……这些为我们的生活增添了一抹色彩。毕竟，重要的不只是结果，还有过程中所看见的风景。

虽然说最终的成绩远远低于我的预期，我还是不后悔自己的决定。“江东子弟多才俊，卷土重来未可知。”联赛虽然失利，但还有一年，现在还不是放弃的时候。

二、高考之途

我是竞赛班最早一批“回归”的同学（毕竟生物竞赛考得最早）。作为一个基本上没有任何基础的差生，虽然我可以选择直接参与联考方向的学习，但我还是选择先上一个学期的高考课，尝试将自己孱弱的基础打牢。

时间不等人。在我们班重新从头开始上课的情况下，我还是选择每天补充一些自己之前没有学过的内容。我以补充内容优先，这样在交作业的压力之下，我就不会想着去干其他的事情。

一阶段考，我借助时间优势顺利拿下了班级第一（年级第96名）。在沾沾自喜的时候，我却有一些担心：其他同学追赶的速度实在是太快了。有一位刚刚回来一周的同学，仅以7分的劣势屈居第二。我尝试模仿他的学习方式，但是在实践了几天以后，我发现似乎每一天学到两三点钟对我不是一个好的选择。一味模仿别人是没有意义的，我还是捡起自己的方法继续努力。

在二阶段考试又是班级第一（年级第84名）的情况下，我的信心逐渐建立了起来。在这两次考试的基础上，我也渐渐获得了同学们的认可。

秉持“今日事今日毕”的原则，我按照计划进行，终于在12月中旬补完了物理和化学所有的选修，包括物构与光学。在这以后，我将时间投入文科的复习，将额外计划改变为维克多练习册对应的教材一个章节与语文的一套卷子（联考2005—2020年真题），虽然说时间变得略紧了一些，但好在还是坚持了下来。

然而，四校联考却不尽如人意。我看着班级第四（年级第111名）的成绩单陷入了迷茫：我的努力真的有用吗？那天晚上，我趴在走廊的扶手上“仰望星空”。在细细回望了这半年的生活之后，我也渐渐消除了自己的迷惘。“昨日已成历史，明日焕然一新。”悲伤是没有用的，再长的路，一步步也能走完；再短的路，不迈开双脚也无法到达。

收拾了一下自己，在忙碌的半年过后，我以一个崭新的姿态开始面对联考的生活。

三、联考之程

联考与高考有很大不同。毕竟，联考文不考政治，理不考生物，意味着我失去了一员“大将”。

在1月份的自主复习结束之后，我便抛弃了没有写完的暑假作业（语文和生物），开始备战联考。两头都抓是困难的，伤其十指，不如断其一指。虽然说开始不愿意，但联考的竞争毕竟没有那么激烈，在权衡利弊之后，下定了决心的我在2月来到了广州。

在这里，我和来自全国各地的同学们一起奋斗。这一个友好而又活泼的班级，对初来乍到的我提供了不少帮助。同学们在各个学科、各个知识点上为我答疑解惑，至今想起仍是感激不已。对于我最后的成绩，他们的作用举足轻重。我忘不了我们玩“海龟汤”的时候或是激动或是害怕的表情，忘不了讨论得热火朝天时我们各抒己见的画面，也忘不了考试那一天互相加油鼓劲的少年意气……相互促进的学习方式让我获得了很大的成长，而这一份份友谊更是我人生路上的宝藏。

考前一天大家的祝福

尽管做好了各种准备，我还是不幸地在联考前一天生病了。剧烈的头痛让我没有办法仔细思考，而不停地咳嗽也阻碍了我答题的速度。我无数次想要丢下笔，但内心总是有一个声音：写完卷子，不论结果如何，至少要尝试一下。我已经不记得当时是怎么走出考场的，但当我在一个月之后看到成绩单的时候，感觉还好，没有太差。

人之所以能，是相信能。只要我愿意，那么我就可以。这是我第一次知道“笑得泪流满面”是什么滋味。努力，终究不会让人失望。

四、其他

虽然联考结束了，但旅途仍没有结束。5月23日回到深圳之后，我又重新回到了高考的准备中。虽然之前因为疫情没有考英语听说，但怀着“没有考过高考的人生是不完整的”的想法，我又步入了高考的殿堂。

当时距离高考只有14天，我也意识到再从头复习一遍已经是天方夜谭，于是，我把剩下的大部分时间投入在最薄弱的生物上。其他科目做一些题目保持手感，毕竟在那个时候，生物的提分空间是几门里面最大的。这样，最终高考的成绩也令我比较满意。

每一朵花都有它的花期
无论是否盛开
花就是花

以上
便是我的故事。

深中学子 | 郭玉峰

凤凰木下，沧笙踏歌

2022届高三（3）班毕业生，被北京大学医学部录取。

教师评语

深中学子有很多类型，郭玉峰算是其中一类的典型代表。他有着丰富的思想和广泛的爱好，充实而愉快地度过了高一高二的生活；进入高三，他便努力克制自己，保持专注，竭尽全力朝着目标前进。

但与别人不同的是，他对人生、对自己、对学习有很多的思考，在繁忙日程、考试压力下，他不断从自我怀疑进阶到自我反思，再到接受自己、认可自己。他在平凡的生活中走着不平凡的路，再糟糕的情况也坚强扛下。

在深中你要相信一切可能，认清自己的可能性，用“可能性孕育可能性”。不畏山高路远的跋涉者，山川终将回馈以奇绝的秀色；不惧风高浪急的弄潮儿，才能看到大海回馈的壮丽日出。祝福郭玉峰，也祝福所有深中学子！

——班主任　曾雯老师

即使毕业已有一段日子了，走在大街上偶然瞥见几树灼人的凤凰花，我依然能立刻想起老校区的那几棵盘虬卧龙的凤凰木。我会想起在一个暑气未消的九月，我们踏着满地的黄叶走进这青春洋溢的高中生活；我会想起在一个雨霁初晴的六月，我们捡着满地的乱红告别那鲜衣怒马的同学少年；我会想起在凤凰木下，我们懵懂而青葱的高中三年，那些静水流深、沧笙踏歌的日子。

从某种意义上来说，我们这届深中人是最“多灾多难”的一届。我们甚至没有毕业典礼，没有足够的时间构建属于我们的群体记忆，没有足够的余力强化我们的集群认同。所以，我试图用这种方式还原一下我在凤凰木下的那些日子，或许也是在缅怀我的、我们的高中生活。

当然，学习是我们高中生活最重要的一环。但作为一名深中的学长，我更希望向学弟学妹们乃至更多期望了解深中学子的读者们传达一些深中带给我们的、学习之外的感悟与体验。一来，早有不少优秀的前辈同窗们已经较为全面地展示了深中浓厚的求学之风与丰富的教学资源，我即使绞尽脑汁也苦于才疏学浅，只能拾人牙慧地写些不痛不痒的陈腔滥调。二来，也是抱有一些深中人特有的骄矜，希望能更多地谈谈使我们区别于其他中学的深中精神。虽然笔力有限，但愿肺腑之谈差强人意即可。

你会选择怎样度过在深中的生活？

这是入学第一天，学长团的带班学长学姐们给我们留下的第一个问题。我们常说：“深中的生活太精彩，以至于怎样过都是浪费。”深中自由的校风、充足的资源、对学生自主性的高度尊重，使这句话得以从深中的一句宣传标语落实到我们的高中生活，成了一个又一个充满诱惑力的选择。在深中，我们有近百个活跃的社团，从街舞到摄影，再到书法、绘画，总有一个学生社团能挖掘我们的兴趣爱好，培养我们组织领导活动的能力。在深中，我们有包罗万象的校本课程，由我们可亲可敬的老师指导，对标大学通识课程，致力于拓宽所有学生的知识面，让学习兴趣成为素质教育的推进器。在深中，我们有“深中杯”篮球赛、“校长杯”足球赛这样的大大小小的体育赛事，还有油画、二胡这样的艺术课程，有先进的实验室配置，有顶尖的教师团体，有齐全的基础设施，有完善的培养体制。可以说，深中在竭尽所能为我们创造出一方净土，为我们打造了相对自由的理想国。

身处此地三年，我又是如何度过的呢？

我自认为缺乏争强斗胜的欲望，只想脚踏实地地体验高中生活，所以我从入学前的自主选择方向阶段就下定决心老老实实走高考方向。诚然，我也曾遗憾于没有加入竞赛班，得到更全面深入的学习，也曾遗憾于没有参加国际部，得到更开阔的视野与国外深造的机遇。但无论何时我都认为，高考方向的管理体制与培养方案更符合我的需求与性格。尽管彼时做出选择的理由略显不成熟，但直到今天我也认为那是最正确的选择。

高一的时候，我的确花了些时间与精力适应高中的学习生活。所幸那时时间规划相对合理，加上尚有几分理解能力，稍微努力还能延续初中以来的好成绩。于是我开始把更多的时间花在尝试新鲜事物上，比如学习3D打印技术，投身于社团课程学习，更多地与同学社交等。可以说，那时我生活的重心并不在课内知识上，而是在拓宽自己的知识面与提升社交能力上，而这些我自认为对我而言是提升最大且影响最深的。然而，随着第一次寒假的到来，我平静的人生迎来了第一次称得上是变故的事件，也就是新冠疫情。我曾不幸身处疫情影响范围的正中心，可以说疫情带给我的影响远不止我所意识到的。回过头来看，疫情后，我开始怀疑我曾仰仗的计划性思维，也开始更多地依赖网络设备。尽管在高一结束前我们成功开学，但疫情带给我的不安感与悲观主义仍然深刻地改变了我看待问题的角度。

在高二的时候，我们搬到了新校区。在高二这年，是我充分体验深中精神的一年。一来，经过一年的适应期，我已充分融入深中的生活节奏，也迎来了日渐丰富而紧张的课堂学习，并从中收获颇丰。二来，我与同学们的联系更加紧密，不仅从与同学们的交流中发现了看待问题的更多视角，更收获了尤为珍贵的友谊。时至今日我仍认为在深中结识的这些同学是我最为可靠的朋友，甚至是一生的朋友。三来，我开始更多地与老师交流，并从尊长们身上获得了人生阅历上的借鉴与未来规划的思考。然而，我接受新知识的速度还是快于归纳整理的速度，导致我陷入了较长时期的迷茫。事实上，这一阶段的迷茫持续到了高三的上半学期，直到我开始系统性地归纳与整理才逐渐好转。

在迷茫与困顿中，我迎来了在深中的第三年。无论是升学压力的骤增还是疫情形势的再度恶化，都使我在刚开学的一段日子里感到精神上的疲惫与自我怀疑。于是，我选择暂时性地放弃兴趣爱好，开始全身心地投入学习中。在长达一年的时间里仅仅只想着做好一件事，这对于我来说无疑是相当新鲜的体验。一开始，我只能感到无尽的焦躁与不安，只能通过不断地机械性刷题弥补内心的空洞。这个阶段我进步相当缓慢，甚至隐隐有走向自我封闭的趋势。所幸我得到了来自家人、朋友、老师的帮助，逐渐走出了名为自我的茧房。我开始享受睡前的遐想时刻，让思维彻底发散，徜徉在过去、现实、未来交织的边界。我开始享受午休后的练字时刻，从“独立不迁，岂不可喜兮”“髣髴兮若轻云之蔽月，飘飖兮若流风之回雪”“日暮途远，人间何世”之赋中，品味古人如何将哀而不伤之情表达得绕梁三日。我开始和三两好友靠在日暮的栏杆上等待晚铃的回响，开始留意生活中那些鸡毛蒜皮，开始归纳总结平淡的十八年来的那些非凡瞬间，开始剖析自我、解构自我、重新认识自我，开始重拾信心，开始畅想未来。尽管学习节奏还在一天天地加快，我却发掘了更多与自己对话的时间，我的内心也开始归于平静。最终，尽管仍有遗憾，我还是得到了一个相对满意的成绩。我一个个地拥抱一路上给予我支持的人们，平静地推着箱子出了校门。

正式告别深中的瞬间，我才意识到学长们曾问我们的那个问题，实际上是在问：“你们希望成为什么样的人？”这是一个相当棘手的问题，即便深中给了我们那么优越的条件，即使有着那么多的榜样在言传身教，直到走出校门的那刻我才能勉强得出似是而非的结论。

深中绝不只是一个基础条件优越、校风自由的学校，而是一个培养理想主义者的乌托邦。尽管我们对于深中精神的诠释有所偏差，但归根结底我们成为眼底有光的理想主义者。在我的同学中，不乏的是仰望星空者，不乏的是立志从医者，不乏的是风雪中的抱薪者与黑暗中的执炬者。我们会叫喊着“躺平”“摆烂”，会为现实的世界感到不公、无奈，但我们无法掩盖对于理想的渴求，无法抑制对于理想的追求。是的，私以为广为流传的深中精神的内核不在于自由主义，不在于精英主义，而在于理想主义，在于追求卓越，敢为人先。我们不必都成为伟人，但我们需要理想照亮现实。

我自知并非所谓天纵奇才，充其量不过略有几分学习天赋的凡人。所以，我希望能脚踏实地，成为一个不管面对什么都能心若止水的人。若是在这个过程中能帮到更多的人，能尽微薄之力让这个世界变得更美好，也算是不虚此行。所以我被北医的“厚道”理念吸引，决心成为一名厚道的医生，成为理想的自己，成为他们眼底流淌的光。

在凤凰木下，听一场雨，等一阵风，做三年清梦，举兰棹而溯流光。

深中学子 | 陈奂皓

记深中，记大梦一场

2022届高三（2）班毕业生，被复旦大学临床医学八年制（本硕博连读）录取。

教师评语

陈奂皓同学积极乐观，关心国家大事，有国际视野。他乐于参加集体活动，有较强的组织能力。作为班级的学习委员，他始终秉承严谨治学的态度，不仅在课堂上积极提问，在遇到难题时也会深入钻研，大有“不达目的不罢休”之势，课余时间也常常为同学们答疑解惑。

——班主任　曾劲松老师

我是一个六年的“老深中”了，“深中”这个词对我意味着太多太多，因为这六年可能是我人生中对认识世界成长最快的六年，而这种成长刻下了满满的深中烙印。这六年，就像大梦一场，浸满汗水与拼搏，也浸满友谊与欢笑。

如今我能走入复旦大学的知识殿堂，除了感谢父母、老师，还要感谢深中。深中对我来说不仅仅是一种教育资源、一个学习场所，更是一种包容互助的氛围，最重要的是我在这里遇到的那些有趣而出色的灵魂。

初中三年

初中三年我是在竞赛体系度过的，我非常幸运这三年里都能在一个分外温暖的班集体，班里的学霸们玩得好，学得更好。我们曾在闷热的午后利用上课前最后一秒弹硬币，也会在课间闲暇时拿几道半超纲的题目激烈讨论。哦，对了，补充一句，如果你们在深中看到了严重的“夸巨卖菜”风气，不要怀疑，那就是我们那个特殊的班级播撒在深中的“不良传统”。原因是我们班上一些人在讨论完题目往往会对给出解法的人大加肯定，称其为“巨佬”，被夸的人也很讲谦虚的传统美德，只能更加猛烈地夸回去，即“我最菜了，你才最巨”，如此风气从正常的夸赞发展到愈演愈烈不可收拾，以至于那一撮人高中到了竞赛班后还这么做，影响范围很广，至少在我们这一届，影响巨大。

或许上述行为有一点浮夸，但我们班的学风是真的非常踏实，做难题“钻牛角尖”是常态，改作文改三次算平均，大家在相互比拼的同时相互交流，毫不藏私。我在这三年中得以吸收很多技巧，也交到了真正知心的好友，我的成绩从入学时一百名开外到后来得以迈入晒布岭的大门。

高中三年

高一

高一可能是我整个学习生涯最快乐的一年，因为高一九科并进，同时计入考核。这对于我这个文理能力极其平均的个体来讲是极大的利好。再加上初中在班上锻炼的求学态度，我高一上学期期中、期末分别位列第四名和第十四名，这给了我极大的信心参与校内其他活动。其中最重要的就是深中模联，我在那里见到了同龄人在自我价值探寻上夺目的光彩。

模联的活动以举办模拟联合国会议为主，会议的背景是国际上一些重大的事件，与会代表扮演各个国家的高级官员，分别代表各个国家的利益。我的理解可能不对，但在我眼里，模联融合了现实与理想，现实是各国的利益，理想是全人类的和平与福祉，我们希望在一次又一次发言和观点的碰撞中，用不成熟的眼光去窥见人类更加光明的可能。

在准备会议期间，我们曾经为了搜索资料“肝”到凌晨，也会为了一个文件的立场和真实性争论不止。在这个过程中，我身旁的同伴们表现出了超高的学术素养和严谨的学术态度，这让我非常迫切地想要阅读书籍，查阅资料，提升自己。

当我的手拂过历史与现实的书卷，理想与黑暗的光芒同时显现：十月革命的星火在烧遍世界的一侧之后从内部瓦解，在无数和平的尝试之后巴勒斯坦的大地仍然遍布呻吟与鲜血，“颜色革命”名为自由，实则为西方国家掌控，追求自由的人民将独裁者轰下台，上台的却是更落后的买办和分裂势力，以至于现代化折戟，人民受苦……如果没有到过模联，我也许从不会知道，这个世界上一直都有土地在流血；也不会知道，我们国家走到今天这一步避开了多少暗潮，挺过了多少次危机。当然，也不会对文明、对国家有了更加深刻的认同——因为历史上血的“注脚”让我更加珍惜眼前这一切。

除此之外，高一的班级也带给了我许多温暖，高一学习压力小，同学们性格包容开朗也热爱探讨知识，整个班级充满着无忧无虑和欢声笑语的学习氛围。我们一起在语文课上演话剧，谈论屈原的《离骚》，在地理课上了解我们身处的大地，在物理课上探究世界表象的成因。一切都是如此新奇、开放、明朗，以至于现在每每想起，嘴角都会微微上扬。唯独遗憾的是，我没能加入学长团，没能把我在深中学到的经验和精神传递下去。

高二

也许是悟性稍逊一筹，到了高二上学期我才发现自己开始难以掌握理科学习的要领，再加上离开了高一温暖的班集体，我逐渐开始不自信，有些彷徨。焦虑和压力开始环绕着我，生活状态也有了一百八十度的转变，学业压力以及心态问题对我造成了极大的困扰。受此干扰，我退出模联，没参加2021年泛珠模联的筹备，这也成了我不小的遗憾。

不过这种状态并没有持续太久，渐渐地，我适应了这个班集体。在这里，我结识了一些出色的个体，他们给我提供了一些重要的学习提升意见，比如整理知识提纲、反复看课本整理思路，还有在考试之前找几道题练练手，给自己的脑子开机……这些宝贵的意见让我的学习有了一点起色。

我能走出这种状态，很大程度上还依赖于我在深中交到的挚友们，他们会一遍又一遍劝我尽力即可，遇到不会做的题目没什么大不了，从而让我意识到面对成绩的起起伏伏要做的是保持平和心态，一味地下死功可能百害而无一益。

我本身容易焦虑，情绪波动也比较大，但深中让我遇到了这样几个人，他们可以在我无论是伤心还是高兴时，都能陪伴在我左右，而且永不厌烦，他们的耐心和包容是我需要铭记的。在心态逐渐好转的过程中，我度过了充实的高二下半学年。临近分别之际，我们开展了18公里海滨徒步，为我们的高二生活画下了一个圆满的句号。于是又一次，我带着强烈的不舍，离开了这个班集体。进入了紧张刺激的高三时光。

高三

高三的生活不只有学习，至少对我来说，或者至少对我们班来说。犹记得班主任“老曾”曾经在黑板上写下大大的“静”字催我们认真学习；一次又一次的班级集体生日会妙趣横生；还有我突发奇想，花了五个中午、一个周末的时间完成了一个“小国悲歌”班会的逐字稿，讲述了富有理想主义的革命领袖托马斯·桑卡拉以及他的祖国的悲剧。

高三我过得很舒坦，其中一大原因是我们班和隔壁班上一半同学竟然都是我的老相识。竞赛体系的老哥们直接开始复刻当年初三时的经典场面，开始弹硬币，开始凑一起研究导数题目并“夸巨卖菜”，开始推导无厘头的理论体系，熟悉的元素让高三分外令人心安。除此之外，我和同桌还会经常唠嗑，指认窗帘掉下来的物件是“二次元的钥匙”，为一道题目的判分标准争论不休。另外，我还会溜下楼，找一个老友聊天。我们的话题不只有学习，还有爱国主义和马克思，有祖国富强和如何反抗新殖民主义，有人类未来、宇宙星空……我们的观点总是很相似，但她比较乐观，我比较悲观，我们总是有数不清的议题可以讨论，往往能聊着聊着绕教学楼走上三四圈。正因如此，教学楼夜晚的月光、二楼的阳台、只有我们两个人谈论学习方法的教室，也成了我高三最美好的回忆。

高三的时光在别人的描述里往往充满压力和焦虑，过得飞快，像灰白色，但幸有这些有趣的灵魂做伴，我的高三也同样溢彩流光。

在高考考场上，我考到了一个对我来说不好不差的成绩，如今在复旦的百年星空下学习生活。

回首过往六年，有时候会感觉那是一场美丽的梦，有时候又感觉它如此真实，我的思维，我的人生都深刻地印下了深中的烙印。想来想去觉得那或许是一场大梦，能供我随时回忆，从记忆里摘取一份甜，给我前行的动力。

岁月如歌，怀念深中，感恩深中。

深中学子 | 陈葭迤

对自己“下狠手”

2022届高三（3）班毕业生，被复旦大学经济学院录取。

教师评语

Work hard，play hard. 陈葭迤很清楚什么时候应该做什么事，而不管做什么她都竭尽全力，力求精彩，“把一切感兴趣的事做到极致”，这样的生活态度值得我们学习。

她满怀热情地参加自己感兴趣的活动，做自己热爱的事，面对众多观众，毫不怯场，而这种不怯场的自信来自她背后为舞台所付出的努力。

在高三，她是最早和老师们亲近起来的学生，老师们都夸她情商高、积极性高，课间常可以看到她不是围着老师问问题，就是在专心整理课上内容，或是在三四楼间快步走以锻炼放松。心志要苦，意趣要乐。在她身上，我们看到了深中学子为目标奋斗、永不言弃、积极向上的特点，也正是她的坚韧和乐观，让她最终实现了从量变到质变的飞跃，在高考中取得了高三最好的一次成绩，如愿进入梦校！

少年何妨梦摘星，敢挽桑弓射玉衡！也希望还在努力的同学们，不馁不弃，笃志前行，虽远必达！

——班主任　曾雯老师

一、狠狠地生活

众人皆道深中精彩，我道深中人人精彩。

回顾在深中的点点滴滴，有太多美好，不知从何说起。每位深中人都在凤凰木下肆意绽放光芒，发展兴趣爱好，提升自身能力。作为一名普通的深中学生，我所做的不过就是普通的深中事：在一众社团里挑选两三个兴趣社团，加入并付诸热情，再肩负责任；在一众艺术和实践类课中动手实践，增长见识；在一众校园内外活动中发挥特长，展现魅力。

深中人的轨迹大体一致，但面对不同事物时的态度却不尽相同。有人喜欢把生活过得轻松愉悦，浪漫恣肆；有人喜欢把生活过得按部就班，一丝不苟。而我，习惯于把一切感兴趣的事做到极致，做生活中的“狠人”，不感兴趣的事物则不愿多给一个眼神。

我所谓的“狠狠地生活”，主要体现在我热爱的舞台上、形体课上和实践课上。

在深中，我曾表演过十几个节目，包括歌唱、中国舞、街舞、韩舞和艺术体操。不论舞台大小，不论观众多少，我都尽最大努力展现自己。我自知作为业余表演者，并不具备艺术天赋和专业基础，有的只是表演热情，但我不甘心上台之后只被视作业余爱好者，不甘心收获的掌声配不上付出的时间，不甘心看着其他专业表演者绽放光芒而我只配获得鼓励和安慰。

我相信勤能补拙，所以同一个舞蹈动作我可以狠狠练上几十遍甚至上百遍，只为了几秒钟的惊艳。即便我多年不练舞蹈基本功，准备节目的时候却不顾撕心裂肺的疼痛，让搭档狠狠地帮我“往死里”压腿，只为展现190度的大踢腿。每一次表演活动我都狠狠准备三个以上不同的节目，就是为了抓住每一次锻炼的机会，尽可能多地展现自己，提升表演水平。

所幸，对自己下尽“狠手”终能收获满意的结果。起初我报名的多个节目总会由于质量问题淘汰部分，或者在表演完只收获零星鼓励的掌声，但经过十几次的历练后，我逐渐收获了真诚的赞美和热烈的掌声。如今踏上复旦大学的各色舞台，我不仅可以展现热情，更能让大家看到我的实力和舞台经验。

形体课和实践课也是我感兴趣的课程，即便它们是不计成绩的副科，我也宁愿花费大量时间希望学得更好。很多朋友劝我不必如此好强，但我在生活中总是忍不住再认真一点，做得再好一点，哪怕我的付出对他人来说不值一提，但我做事只为给自己看，只要我觉得尽力了，对自己够狠了，满意了就好。

二、狠狠地学习

高一高二我尽情地培养各方面能力，做到狠狠生活，但与此同时，因为人的精力有限，当我在其他方面“下狠手”时，学习精力就相应减少，所以我的学习成绩一直不理想。于是刚上高三，我就告诉自己，现在开始的每一秒钟都为了高考，我要开始狠狠地学习。

没错，深中有很多成绩好的人可以做到平衡娱乐与学习，发展兴趣爱好的同时稳定学习成绩。但我清醒地认识到我并不是其中一员，所以我只能暂时舍弃。个人认为一切技能都不只有在高中才能掌握和提升，大学期间或者工作以后有很多机会可以施展才艺，收获技能，但高中是为高考奋斗的唯一机会，不容错过。

我把自己所有的表演服装以及好看的衣服都藏在家里衣柜的角落，宿舍只留下校服，我希望通过这种方式忘记我在舞台上光彩夺目的样子。每天穿上校服，我就是一心向学的深中学子。我还主动与父母提出让他们严格管控我使用电子产品的时间，周一到周五带“老人机”上学，周末非必要不用智能手机。

这只是我对自己心狠的一个小小例子。并不是说必须采取极端措施才能有所成效，这种方式也并不是成功的必经之路，我只是为大家提供一个摒弃杂念的案例。每个人都需要找到使自己产生杂念的个性化的火苗，然后把它掐灭。

诚然，健康而有节制的解压方式是有利于学习的。但我们必须先客观评价自己的自控能力，再确定最适合自己的解压方式。至于采取怎样的措施阻止杂念的产生，则须找到自己的“病”，对症下药，整装待发。

由于我的成绩一直不稳定，高三时每天都承受着巨大的压力。我知道我的基础不如班上的许多同学，没学过竞赛，也没怎么上过补习班，还有数不清的漏洞，我自嘲输在了起跑线上。

但可能是因为性格要强，我不愿意承认自己真的比他们差，基础不够，那就努力来凑。一旦我开始学习，就会对自己放狠话，采取一系列小措施不停地逼迫自己。既然不能够轻易地、卑微地接受这样的事实，那就要去改变这个事实。我会挤出一切时间用来学习和准备学习，课间娱乐是为了准备学习，睡前跑步促进睡眠也是为了准备学习，生活起居的每一个细节性调整都是为了能有更好的学习状态。抄英语范文一遍不够就三遍，空间向量一遍算不对就“奖励”自己三道计算题，文言文实词以前没积累过那就天天背。基础差从来都不是借口而是动力，总有一天自己能体会到量变到质变的过程，届时再重新调整策略，抓重点放细节。只要自己有一颗想要为高考奋力一搏的心，又怎么会停下脚步呢？

如果让我说是什么助我顶住高中三年的压力，那就是不甘落后的心态和化自卑为动力的能力。当被同学碾压的时候我很清楚，这只是阶段性的胜负，并不是最终的胜负。

为了保持稳定的心态和日进一步的状态，我设定了固定的每日反思时间，晚自习结束后，我会拿着小本本到一个安静的地方散散步，花十分钟闭眼反思今天有哪些细节是我可以改进的，也去反思今天有哪个计划是不适合我的，明天的计划我又可以怎样去优化，有想法以后立刻落实到笔头。当我发现刷物理题会让我轻易地产生厌倦感和焦躁感，从而降低学习效率时，我就尝试看错题，对比总结相似题的通法。不要小看这十分钟，我认为这短短的反思时间比几个小时的晚自习时间更为宝贵。

每日改善一个小小的方面足矣，就连高考前一周我在每日反思的时候都会发现自己还有很多不足之处。但是没关系，存在缺点并不会影响最后的发挥，高中三年要做的就是不断地减少自身缺点的个数，但也不要奢望能把缺点的个数降为零。

我很幸运，最终高考超常发挥，考入梦校。我不能很肯定地说是因为我狠狠学习所以取得了好成绩，但我很确定正是狠狠学习给予我异乎常人的底气，让我能十分淡然地踏入高考考场，再十分满意地走出考场。因此，我很庆幸我的自爱方式是对自己“下狠手”。

我相信
每位深中人都能沿着
最适合自己的路走下去
或稳重，或欢快
皆一路生花

祝愿每位深中人都能活得精彩！

深中学子 | 连　续

希望你没有遗憾

2022届高三（18）班毕业生，被约翰斯·霍普金斯大学认知科学专业录取。

教师评语

初入高中的连续，是个腼腆的男生，喜欢沉浸在自己的学术世界和音乐世界中，钻研、思考、自得其乐。酷爱研究计算机和机器人的他，很快就在学校丰富的社团活动中找到了属于自己的平台。在随着学校的机器人队伍南征北战，解决各式各样难题的过程中，连续迅速地成长为沉着冷静、反应迅速、团结协作、善于沟通的大男孩，并创建了颇具影响力的REI机器人社团。

在连续身上，可以看到属于深中人的共同情感——对母校的使命感和归属感。即使已经远在大洋彼岸求学，他仍尽心协助着深中机器人社团的发展，提供指导和建议。勤学善思、立德笃行、默默奉献的他，是老师和同学们一想到就会微笑的温暖大男孩。祝愿连续能在自己喜欢的领域一路前行，收获更多挑战自我的喜悦。

——班主任　王奕君老师

其实要我来分享学习经验，我真的没有什么好说的，其他任何一个学长学姐都比我讲的要好得多。我想，我能和你们讲的，也就是一些平平无奇的碎碎念了。我这个人虽然“臭名昭著”，但也希望你们可以从我身上学到一点点什么东西。或者，如果不喜欢我做的事，也就当是“避雷”了。

老实说，我是个比较多愁善感的人，总是做出一些让一般人不好理解的事情。说好听点叫仪式感，但是说难听一点，就是画蛇添足，自作多情。但我一直觉得，心中既然有情感，便一定要有方式去排解，用行动解开心结才是摆脱烦恼的最好方法，不能让人生留下遗憾。

我很喜欢粘着妈妈，喜欢和她拥抱，喜欢把头靠在她肩头。很多人可能会说我是一个“妈宝男”。我不会理会那些言论。你们可能以为我和妈妈肯定很聊得来，但是事实上我们天天吵架，可以说是水火不容，每次吵得两个人都气得半死。然而，就算与父母之间再不和，我们也应该用心去爱他们。我的父母总是记不住自己的生日，但我的生日他们永远是牢牢记在心里的。我小时候在父母生日或是什么节日时，总是会做一张立体的小贺卡，等他们睡了贴在他们卧室门上，在新的一天开始的时候给他们一个惊喜。这种做法很幼稚，但不会留下遗憾。作为留学生，在踏出国门后，和父母共同生活的时间就越来越少了。我们奔行世间，去各种地方，见各种人，而父母已经老了，跑不动了，只能互相依偎，盼望着我们能抽空回家歇歇脚，寒暄几句，而后又再启程，去更远的远方。有些人可能觉得不用再被父母唠叨，还能用父母的钱是件好事，但是客观上的“好事”不一定会让人开心。出国前一晚，我熬到了四点，给父母写了一封长长的感谢信。相信我，到了美国，当你一个人晚上坐在宿舍，听着门外派对的欢笑声时，你会想念父母的声音，你会打开视频通话，你会看到那两个曾牵着你的手、为你遮风挡雨的人端坐在手机屏幕中，略显紧张，时不时还调整一下镜头，这是来自12 000千米外的思念。总之，两个忠告，离开家之前多陪陪父母，然后，想好离别的方式。当你挥挥手，扭头，向“中国海关”四个大字迈步的时候，希望你没有遗憾。

在海外求学，我们能做的，就是扮演好一个中国人的角色，把故乡铭记在心，不给自己的祖国抹黑。我们血液中流淌的，都是中国的文化，这是永远不变的事实。也许很多人可以用他们流利的英语非常自然地融入外国群体，跟外国同学谈笑风生，但是这真的会比和中国人待在一起更加快乐吗？刚到美国，你会很想和外国同学聊天，你会震惊于两个国家之间的种种不同，感到十分好奇，但时间长了你会发现，中国留学生们自然地扎堆在了一起，外国同学们似乎也很少把你视为要好的朋友，而你，在听到一口流利的普通话后，会倍感温暖而亲切。

在出国前的几个月，我去了很多曾经去过的地方，包括我小时候待过的幼儿园、午托班，深中初中部，还有我摔得头破血流的滑梯，我以前每周必吃的炒牛河店，等等。没什么特别的目的，只是为了在十八岁的这一年回头望一望，看看以前那个小朋友在做什么，因为也许以后不会再有这样的机会了。除此以外，我还去了许多没有去过的地方，我喜欢在城市中随便坐上一辆公交车，随意坐几站，然后下车走走，再随意上一辆车，这样循环，你会发现这样一个你认为自己很了解的城市，实际上还有很多人的生活方式是你从来没见过的，是网络上见不到的。我还去了很多外省的地方旅游。我总喜欢骑着共享电动车，漫无目的地在城里逛，不看地图，不看景点，只看路上的行人。在这样的旅程中，我体会了东北人的粗犷，浙江人的浪漫，还有山东人的似火的热情。走在这样的车水马龙中，你真的会觉得，你是属于这里的。每到一个地方，我都会去那里的博物馆转转，每到这时候，我总会因为某些说不出的事情而感动鼻酸，也许是经过几千年光阴洗礼的依然完好的古墓，也许是西子湖畔、苏堤旁、雷峰塔留下的残骸，又也许是九・一八纪念馆中，一对脚戴镣铐、相拥在一起的白骨。我着迷于这种厚重的历史感，因为它给了我归属感和安全感。到头来，其实我们还是中国人，只有我们能够欣赏“落霞与孤鹜齐飞，秋水共长天一色”的绝美景象，只有我们能在唢呐响起时起一身的鸡皮疙瘩，也只有我们能够在一笔一画的方块字中，装下五千年的风风雨雨。

文化没有优劣之分。很多人只听欧美的歌，只看欧美作家的书，觉得外国的文化就是更带劲。我并不反对，喜欢什么是人的自由，我自己也算资深欧美音乐圈的粉丝了。但是，我也算是个辅修音乐的，读的书也不算太少，我可以很明确地说，就流行歌而言，专业音乐人制作的华语音乐完全不比欧美的音乐差，中国作家写的作品一样可以是世界级的。我们可以不喜欢，但是必须尊重。另外，中文有自己独特的魅力，这就决定了我们不应该盲目照搬外国的东西。中文说唱要有自己的flow（节奏感和韵律），国漫也要有中国的画风。我到现在依然认为周杰伦的说唱是最好的华语说唱，《天书奇谭》是最好的国漫，因为他们做出了民族的特色。在美国，我经常遇到明明母语是中文，却还天天用英语交流的人。老实说我见到这样的人会感到非常不适。中文是世界上最独特也最有魅力的一门语言，我不明白中国人说中文有什么丢脸的，练口语找外国同学不是更好吗？总之，如果我们没有文化自信，走出去之后就会发现自己既不像中国人，又不像外国人，感到无比的迷茫。

我一直非常遗憾没有保持每天写日记的习惯。我从前认为，有意义的东西都装在回忆里了，不必大费周章地记在纸上。然而事实不是这样的，光阴真的可以冲淡一切。从前再刻骨铭心的感觉，几十年后便也就变得不痛不痒了。我很喜欢那些旧旧的东西，每次回老家，我都喜欢在几十年前父辈一砖一瓦搭起来的老房子里寻宝，宝藏可以是一台四十岁了却依然可以运行的老风扇，可以是一本氧化得不成样子、上面写满了笔记的会计课本，也可以是外婆抽屉最深处的一张黑白的结婚照。我总是想象如果物体也有情感，它们是如何蜷缩在隐蔽的一隅，见证几十年人来人往的。对于我来说，这些就是老一辈人活过的证明。所以，多和过去挥别吧，跟遇到的每个出租车司机、每位医生道别，在扔掉用过的书、文具时默默说一声“再见”。因为，也许这辈子就再也不会相见了。有些人也许和你志同道合，犹如伯牙子期，但命运中注定就是会与你擦肩而过，再无交集。这就是为什么我们应该记录生活。在这个宝贵的年华，把少年心气留在墨水中，送到几十年后的自己手里。到那时，看着泛黄的纸上满满的朝气与希望，你才会觉得这一生值得，当初那个少年还没有死去。

最后再简单聊聊申请方面的建议吧。我的建议就是把自己真实地展现在招生官面前，你想说什么就说什么，哪怕是你的奇思妙想，你的小秘密，都可以是文书素材。当然，板上钉钉的减分项还是要尽量规避。另外，永远不要过度焦虑，这么多所学校，总有不错的学校会录取你的，自信的人一般运气都不会太差。与其每天焦虑，不如好好记录当下的生活，申请季这段时间回想起来，也是相当不错的回忆呢。

其实我还有很多乱七八糟的碎碎念想说，但我一个理工男也不大会写，与其再长篇大论，不如就此停笔。最后我要强调，多愁善感不是什么好事，会给自己造成很多麻烦，我这样只是我无法控制自己而已。情感能让最无聊的生活也变得有颜色，但也许像你们这样心怀梦想、前途无量、生活多姿多彩的年轻人，倒也不必用做一个自作多情的人来给生活增色罢。

如果对于JHU（约翰斯·霍普金斯大学）有任何问题或者已经被这所学校录取的同学，可以随时联系我。

深中学子丨许海平

凤凰木下的自由生长

2022届高三（17）班毕业生，被中国人民大学经济学院录取。

教师评语

数学文理同卷，给文科生一记闷棒，海平显得低调而沉默，他没有气馁，暂别多样的校园生活，全心全意回到了课堂与试卷堆里。刻苦用功，抓紧时间，意志坚定，不退缩、不彷徨，不会因为是文科生而对数学畏畏缩缩，不会因为排名而情绪波动，更不会因为勤奋而计较得失，每天的表情变化不大，从不在人群中刷存在感。一个男生只有大抵知道自己目标所在，才会这么不遗余力。九月走进大学，不遗余力地给学弟学妹们“传经送宝”，一个文科生的情怀始终在那里。与海平共勉：曾经拥有的，不要忘记；已经得到的，更要珍惜；属于自己的，不要放弃；已经过去的，留着回忆；想要得到的，必须努力；但最重要的，是好好爱惜自己。

——班主任　汪健老师

看着电脑边的录取通知书，回顾一下深中三年的生活，它似乎和别的学校很不一样，它并不完美，却有特质。很荣幸，在凤凰木下度过了高中三年。

一、缘起

大概是因为初一的班主任是深中校友，我对这所以“深圳”命名的学校有着天然的好感。于是，在初三成绩还过得去的我便萌生了报名卓越成长交流营的想法。

2018年12月22日早晨，我第一次踏进深中的校门，那一刻，心底似乎有一种声音告诉我：“我属于这里”。学长学姐们那一声声“学弟学妹早上好，请往这边走”的温馨问候、有品食堂美味的啫啫煲、英俊帅气温柔可爱的蛋蛋学长（带组学长，2021届毕业生胥学长）…… 那一天的经历让我有了报考深中的想法。回家后，我又在互联网上广泛收集与深中有关的各种信息，深中先进的教育理念，“以学生发展为本，促进学生真正的自主、主动、充分发展”的教育模式，让我下定决心：一定要考上深圳中学。

二、探索

高一高二的生活在外人看来或许自由散漫，但身处其中的我们其实如水面上气定神闲的鸭子——在看不见的水下卖命地用红掌拨清波。是的，作业不多，考试也不频繁，有的学科甚至一学期只考两三次，但学术上的宽松与自由绝不意味着放纵与堕落，而是基于个人兴趣的自主选择与自由探索。

在社团方面，我投入最多的是金融投资社，每周三中午的金投社课是唯一能让我放弃午休的活动。在金投，我和志同道合的同学们听来自汇丰、深交所的老师讲解金融学和投资学知识，去渣打银行参观学习，在游园会上摆摊售卖文创周边…… 在学习经济、金融、销售等领域知识的同时，综合能力也得到了极大的锻炼。虽然后来没有选择学商科，但这段经历还是让我受益匪浅。比如价值投资的思想让我能够面对成绩的剧烈波动时保持心态平稳，关注公司的“内在价值”（自己的真实水平、考试暴露的知识与方法漏洞），看淡“股价”（排名与分数）一时的波动。

对于深中学生来说，学习不只是上课听讲，下课写作业，掌握高考考纲要求的技能和知识那么简单，在感兴趣的学术领域自由探索，自主学习也同样重要。

或许在有些人看来，这些无法让学生直接提高分数的事是“不务正业”，但基于我个人与不少同学的经验，正是这些可能是弯路与“无用功”的探索让我们找到了自己的兴趣与未来的方向。“热爱可抵岁月漫长”，虽然路还很长，未来仍有很多变数，但走上了一条自己选择而非随波逐流的道路便能直面风雨，绝不后悔 。

在与历史研究社和通识社的同学的讨论中，我们比较研究各国宪法与政治体制，探讨各种政治哲学；在实践小组，我们基于宿舍管理实际，通过对以《规训与惩罚》为核心的福柯式权力理论的研究，自创了一个全新的解释权力关系的构建与运作的模型——南浪模型（以2022届毕业生南之涌命名）；在政治老师王成启的指导下我们探寻深圳文化的特质……在这个过程中我渐渐发现，在二级市场翻云覆雨或许很好玩，但社会科学对我有着更大的魅力，于是目标专业便从金融改成了社科。

三、攀登

美好的日子总是短暂的，深中再是敢为人先的改革先锋也得面对高考的压力。高三一年是一种与高一高二截然不同的生活。

高一高二的每一节课、每一页PPT都充满着新奇与惊喜，而高三则注重回归基础，更有针对性，像是花一年时间打一个名叫“高考”的副本。这一年固然功利且内卷，而且一年没有摄入任何新知，但也无可奈何，只能如渠敬东教授所言：“意识到自己的功利，并永不妥协。”我们并不忽视学科知识、考点、考试能力和技巧，但是，我们还有非常明确的、非常坚定的目标。深中人深知，人不能被排名和分数定义，我们反抗“成为人上人”的心态，努力只为超越过去的自己 。

那是一段纯粹而又充实的生活，目标明确、路径清晰。晚自习结束，看着待办事项后画上一个个“√”能够获得不少成就感，但忽上忽下的成绩总是提醒我学习并不是那么简单。新高考，数学文理合卷，难度加大带来机遇的同时也向我们提出挑战。与很多文科同学不一样，我从小喜欢数学（虽然并不擅长），自认为在文科生中还算不错，但数学成绩在高三前期却毫无起色。题目难时的打击自不用说，遇到简单的卷子，交卷时以为能上140、至少130，一对答案却总是发现在基础题折戟沉沙，懊悔不已（“祸兮福所倚，福兮祸所伏”，或许正是这种数学长期低分的经历让我在考完2022年新高考全国Ⅰ卷“地狱”难度的试题后能够心态平稳）。于是我一次次“骚扰”数学老师，请他帮我分析试卷，指导下一阶段的学习。郭老师总是语重心长地强调“基础知识、基础方法”，建议我调整做题顺序，跳过12、16、21、22题，先稳定地拿下简单题和中档题，再思考难题。在汪老师的强调下，我渐渐增加数学学习的时间投入（虽然还是没有到规定的每天两小时），于是，在数学考试后试卷评讲PPT的龙虎榜上终于有了我的名字。

高一高二自由探索的“代价”就是：不那么扎实的基础、忘得一干二净的文言文、一次次重复却总是记不住的政治、令人手足无措的遗传大题……一轮复习的地毯式轰炸对我来说无疑是女娲补天。当然，我并不后悔在深中学习的前两年，虽然如果在更应试的学校备考（我一直认为这很大程度上无法与学习画等号）三年，我可以考得更好一些，但如果没有这两年自由学习的经历，我也不会有明确的目标和源源不断的学习动力。

幸运的是，我遇到了一群非常优秀、耐心、负责、可爱的老师们：汪老师一遍又一遍地帮我改作文，甚至为我从语文、历史到数学、生物的学习“仙人指路”；郭老师总是主动加班为我们讲评试卷或做专题讲座，高三下学期甚至一天四五节数学课；Susan日常耳提面命监督练字……感谢老师们的谆谆教诲，我的成绩才逐渐有了点起色。

文科班的学习氛围大概可以用“严肃活泼”概括。内卷其实并不严重，只是经常不小心和我的同桌兼舍友唐某以及另一个舍友赵某学到成为最晚被赶出教学楼的人。“摆烂”或者说苦中作乐可能更为常见：晚自习课间去雍睦堂听居老师弹“Secret Base”（据可靠消息：他只会这一首）；一周5场羽毛球（甚至周测提前半小时交卷去跟老师打球）；给在校过生日的同学办庆祝会；去图书馆写字、下象棋……学业虽然繁重，但生活不只是学习，劳逸结合也很重要。

四、终章

凤凰木下，三年时间一晃而过。“深中的生活太精彩，以至于怎么过都是浪费”这句话，包括我在内的深中人应该都听过无数遍了。三年前，我怀着憧憬走进校门。三年的自由生长后，我走出校门时，她已几乎满足了我对一所高中的所有想象。

高考后，我选择了一所以前没有考虑过的，也不甚了解的学校。在了解信息、填报志愿时，人民大学“中国不会亡，因为有陕公”的革命历史，“国民表率，社会栋梁”的校训让我想起深中的人文关怀和理想主义气质。拿到录取通知书，看到“经世济民”时，看到毛主席题词时，亲切感油然而生。从深中毕业后，我还有很长的路要走，但无论身在何处，我都不会忘记深中教给我的公民精神和理想主义，努力探索自我，热忱服务社会。

有人说，深中的诱惑很多，但就是没有告诉学生什么是最重要的。不过，所谓“最重要的”对于每个人而言本来就是不同的。或许在高中阶段，你可以简单粗暴地认为成绩第一（尽管在深中这绝对不是一个被所有人认可的答案），但在未来的人生里没有人有能力替我们回答什么是最重要的，不会总有人告诉我们什么是标准答案，即使有，那也是应该被怀疑、被审视的。这个世界是多样的，是丰富多彩的。我相信迈出了深圳中学，带着在凤凰木下自由生长的经历和体验，我们能够更加充满自信，能够更好地活出自我，活出意义。

每年高考出分前，靳万莹老师写的《给光环之外的人》都会在朋友圈被疯转。其中有一段话是：“不要忘了，深中的特别之处，是其理想主义气质。这种理想主义气质，主要是指对自我的探索以及对人类的关怀，而不仅仅是高考成绩…… 不管你取得什么成绩，都不会妨碍你探索自我，关怀社会。”这让我想起苏联教育学家苏霍姆林斯基，他认为，学校教育的任务不仅要传授知识和培养能力，而且要给每个人精神生活的幸福，使每个人有丰满的内在精神世界，能享受劳动和创造的欢乐，具有个人的尊严感、荣誉感和自豪感。

深中，做到了。

深中学子丨谭可欣

深中三年，于我是一段救赎与被救赎的旅程

2022届高三（15）班毕业生，
被同济大学设计创意学院录取。

教师评语

对于一名高中老师而言，如果一名学生三年都在你的班上，那这一定是弥足珍贵的，因为这意味着你教龄的十分之一有ta的陪伴。

高一、高二的时候，我是可欣的学科老师，她给我的印象是：成绩不错、专业突出、话不多（也可能是因为我们接触不多）。高三的时候，她第一个学期一直在北京参加术科培训和考试。真正频繁接触，应该是高三下学期的后半段：原来除了学习成绩优异和专业突出，她也是热情、活泼、风趣的……我们一起期待术科成绩的出炉，一起期待最终会被哪所学校录取……功夫不负有心人，她最终以广东省美术生第一名的成绩被同济大学录取。

希望可欣保持那份热爱，奋力前行，不负光阴，不负自己，为母校添彩！

——班主任　田瑞老师

一、而我偏爱教室窗边清透的绿

盛夏将至，终曲渐近。

高考前的最后几十天，我终于告别美术校考回到深中进行最后的冲刺。晒布岭满树的凤凰花热烈了多少人的青春理想，而我，却偏爱教室窗边以一种蜿蜒柔缓的姿态向天空延伸的樟树身上清透的绿。

那抹绿，是三年前我踏进深中校门时映入眼帘的第一幕景致，也是三年后的我离开校园时回头瞥见的，对深中最后的模糊印象。

二、黑色毛线球

初到深中，我像一团封闭在牛皮纸箱里翻涌缠绕的黑色毛线球，还沉浸在初中死读书换来混沌的优越感中无法自拔。直到我被身边同学的耀眼光芒刺得无所遁形——他们博学多才，开朗精干，所谓“深中的生活太精彩”在他们身上展现得淋漓尽致，而我也终于意识到自己的庸俗无知。

在强烈的自卑心理驱使下，我挣扎着、闪躲着蜷缩回我阴暗的箱子里，愤世嫉俗，怨天尤人，回避社交，回避集体活动，反复咀嚼着压抑与孤独。我心中那一个庞大的美感世界，却在繁重的学业压力与自我的思维枷锁下归于静默。

高一上学期，每次大型考试对我来说都是一场精神折磨，我日复一日地体察着周遭一切与我无关的“精彩”事物，唯独在放学后的学校画室里，我才能感受到片刻的安宁与归属（那时画画对我而言仍是兴趣，未当作发展道路）。

三、一切从什么时候开始改变的？

一切从什么时候开始改变的？从高一下学期转班踏进小博雅开始？从盛盛老师的西方文学选修课、徐懿老师的卡夫卡与博尔赫斯到晓慧老师的民国清流选修课开始？从某一次突破性的语文课题演讲开始？从加入soraway艺术社真正接触艺术思维开始？从渐渐与宿舍、班级和画室的同学、老师熟络起来，讨论文学与艺术、爱欲与文明、性别与偏见、存在与自由开始？

我不清楚。

深中的魔力就在于一切的改变都好像并没有一个明确的里程碑，思想的革命只是在悄然地进行，然后在不知多久后未经预谋的某一天，你突然感觉到一种沁人心脾的通畅——这所有经历与感知彼此穿插、交织着。

终于，我精神的“黑色毛线球”被编成一股股冲破黑箱肆意蔓延的枝丫，继而生发出一抹像窗边樟树那般不那么耀眼夺目的宁静而清透的绿。

四、启蒙

“深中的生活太精彩，以至于怎么过都是浪费。”我认为，深中的每一节艺术课、选修课甚至文化课亦是如此。

在鲍飔老师的音乐鉴赏课上，我们认识世界各地的音乐，宫崎骏、久石让两位大师催人泪下的绝妙配合为我埋下学动画的种子，我对影视作品里的配乐与剪辑手法愈发敏感（这也为我后来校考时的面试与作品集准备提供了新颖的角度）；力俊星老师的雕塑课让我感受到凝聚在石膏中永恒的运动与呼吸，享受在塑形过程中忘记时间、脱离现实的沉静；彭盛盛老师秉持着“若为化得身千亿，散上峰头望故乡”的教学理念深切发问，幽默地联系着西方文学，引导我们思考人生、反思现实、关切世界命运；徐懿老师以轻柔的话语为刀，为我们解剖卡夫卡与博尔赫斯幽深复杂的精神世界，我在卡夫卡充满荒诞与痛苦的文字中找到情感投射，转而向更形而上学的思维探索进发。在晓慧老师民国清流的课堂里，一群璀璨了时代乃至后代的大师莅临现场。我们认识到陈寅恪先生所谓“独立之精神，自由之思想”对于当代教育之重要性（同时也是我们在深中所切身体会的）；“钱学森之问”使我们学会反思当下、厚积薄发；清流讲坛上同学娓娓道出弘一法师李叔同在《送别》背后“华枝春满，天心月圆”的一生，带我思考世俗规训与终极意义的关系……

以良师为伴，与大师为伍，受艺术之熏陶，汲文学之精华，观社会之流变，识科学之博大……终于我们被浇灌成真正意义上的“深中学子”，以校园为沃土蓬勃生长，再带着各自的启蒙之光散布天涯……

五、救赎

深中三年于我不仅是一场启蒙的盛宴，更是一段救赎与被救赎的旅程。

高一时，我怀抱着对人性和现实百分百的悲观情绪，做出也许我将在深中只身独行三年的预言，直到身边人用他们的包容与耐心一步步牵着我走出孤岛……

博雅

转来博雅班或许是这三年我做过的最正确的选择。作为那时年级唯一的文科班，小博雅像一座世外桃源，原在理科班的竞争氛围被消解，这里处处洋溢着书本的气息与思想的光辉，我紧绷的神经接受了一场沉浸式按摩。

我高一所有的好运仿佛都积攒给与这群人的相遇（尤其要表白我的同桌，是她用她的热烈与细腻将我从消极的孤独中解救出来）。他们从不吝惜对他人的赞美，从我的形象、我的文字到我的作品，一开始我受到夸赞还手足无措甚至受之有愧，但正是在他们真诚友好的评价下，我终于一点点走出自我否定，更坦诚地接纳立体的自己，同时也开始大方地将赞美传递给他人；他们从不羞于自我表达，不论是对课堂问题、日常生活还是社会时事，他们永远以辩证的眼光看待，不惧权威，不入流俗，以丰厚知识积淀为底气，大胆发表引人深思的话语，充分诠释了何为“博雅”二字。

在这里，每个人都有自己的独立人格与目标追求，有人热爱街舞，有人热爱摄影，有人热爱体育，有人热爱音乐剧，有人是犀利的社会观察者，有人是真诚的生活艺术家……但所有博雅人（也是深中人）都有一个共同特点，即靳老师在《给光环之外的人》一文中所说的“理想主义气质”——潜藏在成绩单背后对自我的探索以及对人类的关怀。这是深中高度自由的学习环境与师生相互平等尊重、教学相长的育人理念之共同产物。

同样，在这里我遇到了最难忘的老师。即使在低谷期，我也从未觉得被放弃——班主任飞飞老师愿意抽出一节晚自习的时间，与我在教室的窗台旁听我诉说我的生活不幸，分享他的学习方法，关切地同我规划艺考与高考的时间权衡；在我唐突地染发后也从未感受到任何人的刻板印象与冷眼相待，反而收获了语文老师晓丹以《阿房宫赋》里的“绿云扰扰”相赠的新绰号；英语老师Donna看出我喜欢绿色，还送给我一个绿色的加湿器作送别礼带去北京学美术。

在他们的教导下，我考取了高中最好的一次成绩。在一节语文课前独立演讲时，我借艺术展变成网红打卡地之现象谈论艺术的纯洁性，不善言辞的我在自己在意的领域收获了意料之外好的反响。晓丹老师中肯的点评让我意识到原来我也能用自己的认知去感染他人，就像她常常在课上与我们分享她的精彩人生经历一样，让我们燃起投入生活的热情。

我认为好的老师应当像《悉达多》里的船夫，像《刀锋》里的拉里那般，从不强硬地把自认为的真理灌输给他人，而是以一种引渡者的姿态引导旁人躬身入局、积极行动、感知世界，最终获得属于自己的真知与救赎——这是我在深中老师们的身上所认识到的，也是我以后想要成为的温柔存在。

我画的 Q 版老师们

身为

请千万不要认为在深中这个以优异高考成绩闻名的学校，艺术生并不能得到好的培养与发展。在这里，也许不是每个人都站在舞台的聚光灯下，但是每个人都一定能在不同角色中收获属于自己的蜕变。

在高一疫情隔离期间，经过长时间与自我的相处，我终于认清自己的优势和所爱，选择了艺考这条艰苦又充满挑战的道路，我的家人也开明地尊重了我的选择。虽然彼时的我对美术的认知还停留在用具象的方式讲故事，只会单纯的造型，对艺术也只停留在表面的直观感受，从不究其背后的观念与场域。

直到高二我加入soraway艺术社，在一节社课上我了解到了“垮掉的一代”与那个时代的文学、音乐与美术，我才意识到艺术不能只是个人的审美狂欢，更重要的是作品中应体现一个时代的思想内核与精神需求。于是我开始主动从各种媒介了解艺术史，了解各种画派与主义，再联系到同时代的音乐、政治、心理学、哲学……

我想，也许人不能停留在自己的认知舒适圈里自怨自艾，而当有刨根究底、解构一切的勇气。我的创作激情终于迸发，裹住我美感世界的屏障被豁出一道大口，那是一种何等的享受啊！

在深中的画室，我亦收获了一群情感深厚的战友、体贴的学姐、可爱的后辈与老师。集训前，我敬爱的一位学姐主动走进我幽暗的世界，陪我在东门、在龙岗区的马路间、在我们小区散步聊到深夜；吴老师以及各位毕业于清美、央美的老师用其之所学为我们打下了坚实的绘画基础与艺术素养；在北京集训的日子里，四名深中美术生相互扶持，抱团取暖，在北京一起度过了许多个第一次离开家人的节日，经历一场又一场战斗，我们便成了彼此的家人。当大家都考上了自己心仪的大学，画室的学弟学妹们纷纷发来祝福，我们也变成了别人的学姐，分享经验、寄予希望……

从高二升高三的暑假开始到高三最后的四十多天返校冲刺高考，我大半年的时间在集训，因此我与文化生同学之间的链接渐渐虚化，身份认同也愈加模糊。

对于深中，甚至对于这个世界，我常常有种莫名的抽离，像个旁观者。但老师们在我最后冲刺阶段给予的鼓励与帮助，爸妈给予我的心理支持与无条件的包容，以及同学们的学习经验分享与开导……这一切的一切都让我在灵魂的相对合群与绝对孤独之间找到了一份自如，然后融于我所存在的万物之间。

高考结束，当我和妈妈拿着成绩单看着彼此喜极而泣地相拥时，我知道我终于证明了自己的选择没有错。

六、走出象牙塔

我们终于还是要走出这座象牙塔。引用《给光环之外的人》下的评论一则——“然而当离开深中这样充满理想主义氛围的小团体，迎面扑来的是理想的迸发。高中时候一呼百应的价值观，在其他地区却变成了迎风而执的炬火，看见那些在世界各地闪耀的星火。”

正如朱校长所说，“生命以负熵为生”，我们有勇气在“自我反省、自我记录、自我实践和自我调控”中建立自己的秩序，用珍贵的精神品质感染世人，改变象牙塔之外的世界。

我们像一艘艘远行的航船，在大学与社会激荡的风浪里摸索前行，而深中这座灯塔，是我们停泊迷茫灵魂的永远的家。

七、别了，精神永乡

盛夏已逝，终曲声息。

我们终于肩负着初成年轻盈又沉重的行囊，踏上向更广袤世界的新旅途。

别了，我的精神永乡。

深中学子｜赖维轩

在深中，全方位成长

2022届高三（10）班毕业生，被北京邮电大学未来学院本硕博贯通培养实验班录取。

教师评语

阳光、坚韧，是赖维轩同学留给我最深的印象。

他总会想办法为班级同学紧张的高三学习生活添加一抹亮色——或是午间来一场生动的说唱表演，或是在班级日志里记录几件趣事。无论何时看到他，总觉得生机满满，浑身上下充满少年朝气，非常容易就被他的活力与真诚所打动。他也总是会在成绩波动不如意时，积极主动去寻找合适的方法来调整自己。文笔出众的他鲜有自满，一篇考试作文，他可以改上一遍又一遍，不断打磨直至满意。最令人钦佩的，是赖维轩同学对历史、传统文化有着极浓的兴趣，在紧张的学习之余他仍坚持阅读历史典籍，从优秀传统文化中汲取丰厚的精神养料，自然也铸就了他今日这份坚毅向上的品格。

“丈夫只手把吴钩，意气高于百尺楼。”愿赖维轩在保家卫国的疆场上继续施展这份男儿豪情！

——班主任　杜晓童老师

在深圳中学的这三年，我很幸运，也很幸福。于此，我所获得的成长，将会给我的人生带来更多的精彩。如今，我即将携笔从戎、应征入伍，去往心所向之山海。可以说，在深中的宝贵经历，对我做出这一决定起了极大的推动作用。

临行前，很荣幸能把我与深中的故事写在此间，让我们一起看看，一个可爱的小孩，是如何在深中实现蜕变的。

高一：挫折与探索

人们常说，“深中的生活太精彩，以至于怎么过都是浪费”。那不如都尝试一下吧！进入深中的第一个学期，我担任了班长和实践课代表，参加了两个单元运动队以及男篮校队，选修了三门校本课，通过面试加入了五个社团。

在这样大包大揽的深中初体验后不久，可爱的我倒下了。整个11月份，我先后因肺炎和发烧缺席了几乎所有的课程，也因此错过了进入高中以来的第一次期中考试。学校、医院、家，三地疯狂折腾，课程越落越多，一次次任务与活动的被迫缺席，让我的生活蒙上了一层厚厚的阴影。

我想要做出改变，但仅凭自己的力量是不够的。这个时候，亲人们给予我的支持与呵护，深中的老师和同学们对我的关心与帮助，让我得以重新步入正轨。在和班主任嘉怡老师沟通后，我对“担当”一词有了更加深刻的理解，也明白了“选择”的必要性。初步明确自己的兴趣方向后，我对参加的活动做出了取舍，接下来，我重启了我的深中生活，也逐步开启了对自我的探索。

元旦跨年，我在单元节上担任主持人，随后，参与模联组织的校内会与市模，进一步开阔视野。这些都是我成长过程中的宝贵经历，也是深中人才更能体会的多元发展。但于我人格的塑造，更加关键的还是深中师长们的言传身教。

我开始认真观察身边的每一位宝藏老师。2020年春，宋照宇老师即将远赴新疆支教，这是我第一次发现：理想，这一概念居然离我那样近；成长，永远都是进行时。后来，我选择了加入学长团，用爱发光，更加精彩的高二生活即将开始。

高二：压力与挑战

高二的生活，开始于又一个第一次。我第一次感受到成长的迫在眉睫，以及生活方方面面前所未有的压力。作为新校区第一届学生，当责任的压力突然降临在了我们肩头，一夜之间，我感受到了自己的成长，从一个淘气的可爱小孩成为一名带班学长。这时我才真正意识到，生命中不是每件事都有剧本与模板，更不是每个问题都有参考答案。同时，学业的压力逐步攀升，社团工作亦需要我们去独当一面，生活是累的。

但很幸运，我顺利地走了过来。在和高丽红老师畅游诗词时找寻浪漫与理想，偶尔踮起脚尖眺望远方。循循善诱的老师，个性鲜明的同学，不拘于考纲的课堂，万象一新的校园，深中的一切，让我逐步成为一个浪漫的人。

2020年体育嘉年华，我报名参加了多个项目，深中良好的运动氛围与科学的体育教育让我的身体素质逐渐变强，告别了曾经瘦弱多病的自己。驰骋在运动场上，我虽然不是最闪亮的，却俨然成为自己的英雄。

在运动的过程中，我结识了李涛老师。一次同他聊天，得知他在大学期间曾入伍两年，老师的格局与抱负令我大受震撼，也是第一次让我认识到：高才生，同样可以参军入伍，书与剑，二者并不冲突。彼时，我唯一的信念就是——我要努力学习。因为高三即将来临，我要努力考上理想的大学，为三年多彩的生活画上圆满的句号。

高三：成长与蜕变

高三的生活相当规律，举全校之力科学备考，让人十分放心。携高二四校联考之余威，另有从各种活动中抽身之加持，刚上高三的我就像是班级标语形容得那般：“丈夫只手把吴钩，意气高于百尺楼。”

然而永远有人比你更努力，比你更聪明。高三上学期，从一阶考到四校联考，我的排名越来越低，学习越来越困难，随之而来的是成绩不好、诸事不顺。但是，可喜的是，“大佬”们都在我身边。这是一个良性的竞争平台，在深中这个大家庭里，每一个人身上都有值得学习的地方，大家的差距也都不算大，相互学习，能够收获的更多。我分析自身的学习方法与效率，针对具体问题一次又一次地与老师们进行沟通，在沟通与尝试中改善学习方法，一点一点地调整学习状态。最终，我在深一模考试中考取了全市前百的成绩。

进入长达一个多月的封校期后，高中生活也就步入倒计时了。最后的这段时光里，我们能够做的唯有努力到无能为力，拼搏到感动自己。深中的一切经历教会了我从容地去应对，坦然地去接受，为所爱付诸行动，无问成败，但求心安。

最终，我考入了北京邮电大学本硕博贯通培养实验班。高考成绩纵然不是最为理想的，但这里未尝不是属于我的最为正确的选择。未来一切尚未定论，我们无从获知。

十分感谢深中三年带给我的宝贵经历，亲爱的老师和同学们留在我脑海中的每一份回忆，都是我人生成长的重要财富。恰是深中埋在我心里的自知、勇敢、浪漫、赤诚、纯真，如今生根发芽，帮助我做出参军入伍的决定。我希望过不被定义的一生，因为人生就是在自我规划的道路上不断挑战、不断成长。我想，这亦是我所理解的深中精神！

“男儿何不带吴钩，收取关山五十州。”希望我能永远做大家所说的那个赤子，那个热血少年！

还有70多天就要高考了。在这里，我想为我最亲最爱的学弟学妹们加油鼓劲！对于你们来说，想要进一步提升，时间完全来得及。剩下的时间，要紧跟老师们的备考步伐，同时调整好自己的节奏。

希望你们能够戒骄戒躁、一鼓作气，在6月的“战场”上发挥出自己最理想的水平。从深中走向更广阔的天地，勇敢地去追逐梦想，实现自己的价值！

附：

北邮准博士携笔从戎

2023年3月16日，19岁的赖维轩登上了南下的火车，前往海军陆战队某部报到。2022年9月，赖维轩以优异的成绩考入北京邮电大学未来学院，进入本硕博贯通培养实验班，成为一名准博士。2023年春季征兵，他毅然入伍。在经历无数考验与选拔后，他被选入海军陆战队，成为一名光荣的特种兵。

在他看来，美好生活来之不易，总有人要为此负重前行，自己完全有

责任成为这样的人。参军入伍不会给学业带去太多负担，甚至会是一种帮助，未来的科研道路将充满艰难险阻，他希望能够通过两年军旅生涯，让自己淬火成钢，变得更加坚韧，挺立在国家科研攻关的战场上。

一旦决定了的事情，就没有什么困难能够难倒赖维轩。因为身体条件不达标，他开始疯狂锻炼并不断增肥，最终达到军检合格标准。进入新兵营，无论是队列还是内务，他更是严格要求自己，每一次体能训练都拼尽全力。役前训练结束，他作为7名优秀新兵代表之一，上台领取入伍通知书。

当被问到“为什么选择参军”时，他说：

“这一想法的产生与我的受教经历密不可分。家庭教育是人受教的开端，最早在我心中许下参军梦的亦是我的家庭。爷爷在我小的时候讲的那些故事，给了我莫大的自豪与对未来的憧憬向往。

“在深圳中学的三年学习时光则是我理想照进现实的重要一环。在这里，我感受到了一种追逐理想的纯粹，一种伟大的浪漫。同学们常说：深中的生活太精彩，以至于怎么过都是浪费。在深中的经历让我对生命的价值有了更深的认识，而老师们的言传身教则是让我更加坚定了自己的想法。

“毕业以后，我怀揣着深中人独有的浪漫与勇敢，来到北京邮电大学学习。在这里我意识到了自身邮电报国的使命，最终做出决定：进入部队这个大熔炉淬炼成钢，获得坚毅的品质，日后努力为我国的邮电通信事业创新攻关做出更大贡献。”

深中学子 | 陈律雅

我与深中

2022届高三（9）班毕业生，被武汉大学新闻传播学院录取。

教师评语

毕业之后，我邀请律雅回校给2023届的学弟学妹们分享学习经验。听的过程中我就在心里暗暗感叹：与高二初相识时相比，经历了社团高层工作和高三高强度学习磨炼的她，成长得更加大方自信、闪闪发光。而在高三一整年给我印象最深刻的，是每次与律雅谈心，都能听到她对于现状的分析、下一阶段的计划、希望得到的帮助等。正是通过这样一次次的自我分析、合理规划、坚定执行，才有了她在深中三年满满的收获。祝福律雅在心仪的专业领域努力耕耘，继续闪耀！

——班主任　裴涧雯老师

其实要说我与深中的缘分，大抵要追溯到2018年，那次卓越成长交流营活动。那是我第一次踏入深中的校门，只此一眼，深中便在我心中烙下了深深的印记。

还记得那一天，我走在深中宽阔的道路上，两边站着一排学长学姐，他们一个个披着阳光，脸上洋溢着青春的色彩。每经过他们身边，学长学姐都会热情地说：“学弟学妹早上好，请往这边走。”我很激动，仿佛这句话是只对我一个人说的。

那一天我们做了很多事，参观校园，玩破冰小游戏，观看学长学姐的演讲……演讲中，学姐的一句话我一直记忆犹新，也成了后来鼓舞我考上深中的动力。“来到深中后，我找到了我想要的生活，我活成了我想要的样子。”

什么是想要的生活？什么是想要的样子？那时的我不得而知。但学姐那坚定自信的神情告诉我：深中，会给我想要的答案。

后来回到家，我的脑海里一遍遍放映深中的场景：葱茏苍翠的香樟树，婀娜多姿的“钥匙妹”，古色古香的深中书院……

一见钟情，在遇见深中之前，我本不相信这句话。但从那天开始，我就觉得自己非深中不可了。除了深中，不管去哪都是一种妥协。

上天不负有心人，我终于如愿以偿，拿到了梦校的入场券，开启了我在深中神奇而美好的三年。

高一：新的起点

来到深中后，我的第一感受就是：这里“巨佬”好多！他们在课堂上答题的时候思路清晰，有条不紊。到了课下，常常聚在一起，讨论那些我听都未曾听过的专业名词。一个课间，黑板上便铺满了各种奇奇怪怪的数学符号，什么函数、导数、微积分齐聚一堂，它们好像居高临下地“讽刺”我的无知。

哪怕做好了从云端跌入凡间的准备，但是现实与想象的差距还是给了我当头一棒，猝不及防。曾经无论什么比赛，无须付出多少努力就可以拿奖。可进入深中以后，我渐渐发现自己有些力不从心。忘了有多久没被老师点名表扬，奖状册的厚度过了一学期还纹丝未动。每次满怀期待又忐忑不安地听老师念优秀名单，想着：下一个就是我，下一个就是我。可是直到末了，我的名字依然没有出现。

从云端跌入凡间的滋味，确实不好受。但是我也在这一次次跌倒中，学到了很多。

我开始戒掉心高气傲，认真地对待每一件事，每一次考试，每一次比赛。我开始不那么在意和别人的比较，而把注意力转移到自己身上，脚踏实地地做好手上的工作。作文写不好，就多去学习别人的优秀作文，多去找找自己与写作“大佬”的差距；数学学不好，就多去整理错题，总结题型。

我常常用班主任晶晶老师的话告诫自己：“当你真正开始着手去行动的时候，你就会发现自己会心安很多。”

渐渐地，我发现自己不再那么恐慌，也慢慢找到了自己的定位。我的作文分数一点一点从平均分以下飞跃成为全班第一，我的期末总分挤进了班级前十，我的英语作业也终于被“晒”在了家长群里。

“在深中，每个人身上都可能发生奇迹。”

经历了高一一年，我见证了自己的成长，也感受到所谓的奇迹在我身上开出了花。

高二：社团活动的高潮

高二一年，我可以说自己是跌跌撞撞着走过来的。

曾经我是一个特别被动的人，从没想过成为什么组织的骨干成员，更不用说带领一个团队发展。可经过在深中一年的锤炼，我发现自己其实有能力跳出自己的舒适圈。每一位深中学子都用他们各自精彩的经历告诉我：没有人应该轻易被定义。所以这一次，我选择突破自己，去竞选朋辈的社长。

非常幸运，我的工作能力得到了学长学姐们的认可，成功竞选上了这个职位。怀着一颗感恩的心，我暗暗许誓，一定要做出一番成绩，把社团发扬光大，才不枉费上一届社团高层们的栽培和信任。

可是“不经一番寒彻苦，怎得梅花扑鼻香”。想要成就一件事情，背后一定免不了付出很多艰辛。熬夜修改公众号推文，出面调解社员之间的各种矛盾，数不清的大会小会……

累是真的，但值得也是真的。当看着社员之间关系越来越融洽，合作越来越得心应手的时候；当看着公众号阅读量破千，活动热度也持续上升的时候；当看到朋辈得到了外界的认可，“小孩”们也都纷纷开始爱上这个社团并享受其中的时候，我真的感到由衷的欣慰。

后来我们上高三，把社团交给了下一届。有时还会和其他社团高层感慨一下当初那段一同拼搏的美好时光。

社团带给我的，我想同样也是深中带给我的。深中为学生提供太多发展的平台，它教给我的不仅仅是学业知识，更是为人处事的能力。它让我看到了自己的无限可能，让我在尝试中一次次得到升华。我也用自身的成长证明了，当初选择深中是一个多么正确的决定。

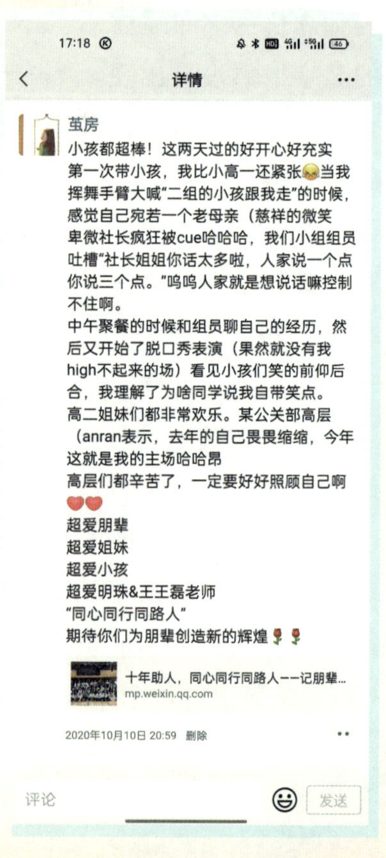

朋辈新生团建后发的朋友圈

高三：破茧成蝶

“高三只有一次。”

直到毕业后，我才真正开始理解这句话。

高考只有一次。那段与同学们一起挥洒汗水，为同一个目标一起奋斗的时光，也只有一次。

若将我高三的心路历程串成一条线，我想大抵是壮志满怀—情绪起伏不定—重整旗鼓。

起初的一个月，我每天都容光焕发，仿佛化身大鹏，一日之间同风起，立志扶摇直上九万里。每天闹钟一响我就立马爬起来，披着早晨的阳光伸一个大懒腰，幸福地迎接一天的到来。我期待上每一节课，期待晚自习下课“走街串巷”，呼朋引伴，一起散散步，踢踢毽子，打打板羽球。

可是这样的好时光没过多久。渐渐地，我感觉有点力不从心了。学习的压力，排名的波动，人际关系的错综复杂，桩桩件件压得我喘不过气来。

但是我很幸运，在深中遇到了很多好老师，他们的耐心和关爱搭建成温暖的港湾，给我一种安心的力量。

我记得年级副主任周峻民老师曾对我说："你是一个闪闪发光的人。"后来每当我失去信心的时候，想到这句话，也便有了勇气和动力。

虽然有困顿失意，但生活中的许多小确幸也让我的高三充满色彩。春天香樟树抽出了嫩绿色的新芽，偶然发现D栋后面那棵梨树开出了雪白的梨花，夕阳笼罩下校园的美景，有时去办公室被老师投喂小零食，每周桌上都会准时出现我心爱的大鸡腿……它们就像糖果，时时品尝一颗，便也觉得日子还是甜的。

一模之后，我们也正式进入了高三第二学期。我明显感觉到了自己的不同，在深中"为高考全力以赴"的氛围下，我也像打了鸡血一样，拿出了十二分的干劲。

进入自主复习后，我依然保持着规律的作息，高效的学习状态。我列了满满当当的复习计划，每天几点到几点要做什么，甚至具体到了哪本教辅的第几页第几题。也感谢三轮中我每天一套英语卷的勤奋，让我的英语成功从二模的119分一跃变成高考的141分。作为英语常年吊车尾的"困难户"，这个分数是我曾经想都不敢想的。

功夫不负有心人，我最终在高考中考出了满意的成绩，也如愿进入了我喜欢的院校——武汉大学。

我在深中的点点滴滴

我在深中遇到了很多人，经历了很多事，它们都深深地镌刻在我脑海里，成就了今天的我。

在这里，我遇到了特别好的室友。我还记得，一个冬天的夜晚，我们四个人捧着一碗西校炒粉，你一口我一口，温暖的气息填满了整个宿舍。有一回我手划伤了，她们几个特别紧张，一个帮我擦药，一个到处找创可贴给我贴上……

在这里，我遇到了特别好的老师。我还记得有一次快要早读的时候，我准备跑出去接水，被周嘉怡老师按住，说：“你坐着，我来。”过了一会儿，我的桌上就出现了满满一杯温水。

还有学长为我精心筹划的生日会，第一次当晚会主持人，代表班级竞选优秀团支部……

我与深中，深中与我，千言万语也说不尽。

“深中的生活太精彩，以至于怎么过都是浪费。”凤凰花又开，回回令我感慨。被婉转的校歌串起的时光，我想将是我此生难忘的韶华。

第四章

师生情谊篇

——落其实者思其树，饮其流者怀其源

凤凰花开的时节，深中学子们又要怀揣梦想奔赴世界各地。离别之际，他们会留恋深中的风景，留恋这里的一草一木，留恋这里的社团活动，然而最难忘的还是这里的人。这里有最优秀的老师，这里有质量最高的同伴，在成长的路上给予他们指引、鼓励、陪伴。在这里，凤凰木下的追梦少年写下了“晒布怀想”，写下了“青春物语”，写下了烦恼与幸运。

深中学子 | 何彦麒

无远弗届，穷山距海

2022届高三（1）班毕业生，被清华大学未央书院录取。

教师评语

眼神温柔，嘴角挂着微笑，何彦麒总是那么成熟稳重。即便遭遇物理竞赛的不顺、历经高三考试成绩的波动，也能一如既往地俯首案前，可谓“胸有惊雷，面若平湖”。高三期间，除了下雨和考试，每天放学后他在操场跑道上洒下的每一滴汗水，都凝成了他制胜的信念。他不仅有着很高的数理天赋，而且语文成绩优异，凭借过硬的综合素质，他最终在清华大学强基计划选拔中脱颖而出。心有所信，行能致远，相信何彦麒未来定能再创佳绩！

——班主任　全天飞老师

2022年7月5日，对我来说是一个难忘的日子。网站上醒目的“已录取”字样，标志着三年努力的终点和一个新的开始。作为一个功败垂成的竞赛生，我认为自己的经历还是有一些代表性的。因此，希望借此机会，与各位分享。

高一：精彩纷呈

我是从高一才开始正式接触物理竞赛的，作为竞赛“萌新”，我清楚地知道在开始的一年，自己根本不可能成为“大佬”。因此，整个高一的竞赛学习，并没有对付出后的获得抱太高期望。令我印象深刻的，有种种开幕雷“积”的公式，让我感到一扇全新的大门在自己面前打开，无数宝藏引诱着自己向前探索。加之身处一支庞大的竞赛队伍，平时就算是上课、练习、互批试卷还是休息，都从来不会缺少乐趣。当然，最让我惊喜的，还是第一次参加物理竞赛取得的省一等奖。谁能想到一个刚摸着竞赛不到一年的“萌新”，能够做出来四道大题呢？

充实而忙碌的学习生活中也点缀着种种亮色。参加天文社，让我能够顺利地辨认出半人马座；每次竞赛课结束后雷打不动的打篮球，有时也能给菜鸟如我带来偶尔命中的快感……当然最难忘的当属游园会摆摊，我们准备商品（比如尝试用重结晶法制造出漂亮的硫酸铜晶体），并在游园会当天目睹了摊位前络绎不绝、商品供不应求的盛况，最后体会了收获的喜悦……这些，都为我的高一生活留下了精彩的一笔。

高二：痛并快乐着

升入高二，我选择继续学习竞赛。这段时间，初学竞赛的新奇感逐渐衰退，曾经一起学习的同学有些选择了退出，课余时间的减少以及竞赛取得成绩的压力等开始压在我的身上，使我感觉到了坎坷。在种种因素的驱使下，我不得不把大量时间投入到竞赛上，同时开始思考如何提高效率。现在回忆起来，那段时间还是相当压抑的。平时，既有竞赛周教练严格监督带来的紧张，又有在各种考试里被各路“大神”吊打。因此，唯独能让自己感到慰藉的，只有点点滴滴的进步，譬如多学会了一种近似计算的方法，或是开发了CASIO（卡西欧）的一种新功能，抑或是在某次考试里思如泉涌，做出了一道本以为不会的题……

当然，即使是高压如此，还是有忙里偷闲的时候。比如停课期间，每到体育课就会溜下去打球；又比如假期集训期间，中午必看动漫，享受肯德基、酸菜鱼或是黄焖鸡米饭的美味；又比如在同学的带领下，我们整出各种事情，如某次与竞赛组委会叫板申诉题目出错，以竞赛团队的名义申请优秀团队……一言以蔽之，高二的生活还是痛并快乐着的。

高三：努力追赶

在第三十八届物理竞赛中，因为种种原因我发挥不理想，最后遗憾止步省一，只能回到高考的跑道上。此时，由于停了太久的课，我深感时间紧迫，如果说一点都不迷茫，那肯定是假的。特别是一阶考的第177名，让我感到了“路漫漫其修远兮”，但也只能努力追赶同学们的步伐。

非常庆幸的是，我身处高三（1）班，身边有循循善诱而可亲可敬的老师们，还有一群优秀的同学们。

感谢老杜，把我们的语文成绩从年级倒数拉到中上游，她在语文课上的妙语连珠真的能够缓解备战高考的疲惫。而且，她常常从试卷自然地引申开去，不知不觉中我们就被灌下了心灵鸡汤。

感谢张红兵老师，无论我们的数学成绩起伏多么大，他总是对每一个同学充满信心。他独特的教学方法让本来落后其他班一大截的我们迅速赶上了进度，还留出了不少自主学习的时间。

感谢Nancy，作为经验丰富的老教师，在她那儿就没有解答不了的阅读理解和完形填空疑问。不仅如此，Nancy还是我见过的最敬业的老师，她会把每次作业的完成情况统计得明明白白，对我们每个人的学习情况都了如指掌。

感谢陈特和他的可以用出神入化形容的物理题，经过每周一次的选择题测试以及综合测试的洗礼，我的思维终于从“竞赛”模式切换回了“高考”模式。

感谢班主任全哥，他拯救了我的化学（具体来说是从一阶考的59分变成高考的96分）！哪些考点必须要背，哪些题型非常经典，以及哪些知识是相互贯通的，他都点得清清楚楚（当然，答不出问题的下场也是很惨的）。

还要感谢人美心善的Even。作为竞赛班唯二选择地理的学生，我麻烦她的时间应该是所有老师里最多的了，但面对我不完善的知识体系，无论我问的问题多么弱智，她总是耐心地为我讲解每个细节。

最后还要感谢高三（1）班的同学们。正如Nancy所评价，我们是个团结、有感情的班级，在高考备考阶段，我们携手共进，我也从同学们那儿受惠无穷。而且，我们班是个相当活泼的班集体，每天晚自习的课间往往是最活跃的时间，有打羽板球的，有拿矿泉水瓶当球、垃圾桶当篮筐的，也有在走廊踢球的……

高三最值得一提的是封校阶段。那段时间，我们基本隔绝了与外界的往来，真的做到了心无旁骛。于我而言，那段时间里最快乐的事情，莫过于在周六下午的数学考试后，打上一场“老年篮球”，有种短暂的“解放了”的感觉。这样简单的快乐，反而能够在三天一考的紧张氛围里享受到。

一些心得

作为一名完整地走完高中竞赛历程的学生，我没有办法享受到入学时学长学姐所描述的“无论怎么过都是浪费”的深中生活，但我想，我的心得依旧能为学弟学妹们提供一些参考。

◇ 既然决定了竞赛，就“只问耕耘，不问收获”，相信“功不唐捐”。以我自己为例子，我怎么能预料得到物竞所学能成为强基校测时的优势呢？

◇ 无论何时开始发力都不算晚，哪怕是到了高三，仍有无限可能。比如我惨淡的化学，能从一阶考的59分变成96分。身边很多学霸，也是在高三一年才脱颖而出的。

◇ 享受生活，“世界以痛吻我，我却报之以歌”。就算高三的学习生活再苦再累，也把它看成是成功路上的阶梯吧！

最后的最后，我想用一句格言作结：“志之所趋，无远弗届，穷山距海，不能限也。”深中，是一个实现梦想的平台，如果有梦，就踏上追逐的旅程吧！

深中学子 | 於家乐

值得纪念的非典型事件

2022届高三（3）班毕业生，被清华大学为先书院录取。

教师评语

定位、思考、规划，在高三开学的第二周的某个下午谈话，这个阳光温润的大男孩就对自己现有问题进行了分析，找到自己的定位，并且知道如何调整，尝试去实现自己的目标，他的才智和善于思考的能力，在他的人生中发挥着重要的作用。

对他来说，学习不仅仅是获得知识，更重要的是为了培养自己的能力，践行深中“追求卓越，敢为人先”的精神，他在深中度过了充实丰富的生活。有思想、有追求、有目标的人，总能从那些看似机缘巧合发生的不典型却值得纪念的事中总结出一些人生的经验，因为他怀揣学习、感恩、思考总结的精神。

人生走过的每一步都有意义，每一个转角，每一个转身，都是生活赋予我们的独特风景。相信家乐积极挑战、勤于思考、乐观进取的品质能够让他的人生更加丰富多彩，也将用他所学为社会创造更多的美好！

——班主任　曾雯老师

写下这篇文章，已经是在高考后一年半了。远赴首都求学，在大学里与来自各地的同学们交往，遂逐渐感受到中学经历对个人生涯的塑造。中学经历里的那些典型事件——良师益友的帮助、初三高三为大型考试奋斗的日子、受挫后一次次调整学习状态——此间种种，都无与伦比地参与了我成长的过程，塑我形态，造我成人。不过，深中的生活要更开阔些。一些在中学生涯里并不常见的事情也同样深刻地塑造了我，让我满怀信心地走下去。回想起我的中学经历，我会和大学同学们分享那些并不典型却值得纪念之事。

一、初中

回想初中部的故事，总不会忘记“下午四点半”的校本课程。初一时我报名的是“平面设计”课程。当时只觉得搞艺术很酷，想一睹为快。讲授者是一位女性平面设计师，姓张。她并不执着于讲平面设计相关知识，甚至不执着于讲课。与之相对，她更像是在与我们交流——和一群十三四岁的孩子面对面地交流对艺术的理解。她热衷于分享深刻有趣的影视作品、品味独到的行为艺术。那门课实在为我打开了新世界的大门，让我认识到一种脱俗的趣味。我和初中好友林同学一起上课、讨论、互通有无。正值青春期，精神的丰盈与肉体的生长恰好同频，实在幸运。

初二时报名了“阿卡贝拉”课，拿到选课课表时不知是何，上网搜索了一番，才知道是一种音乐表演形式。上课时测音域、练声、合唱，最后还去成美楼六一联欢会表演。演出是有些失败的，不过在我心里却埋下了一颗种子。高中练习技艺，大学时又加入阿卡社，做了一些演出。回想起来，初中校本课实在前卫。我也借此机会接触到了一些小众兴趣，并延续到后来的生活里。

深圳中考体育标准很高，班主任让我们天天训练。每天清晨，我们班总是要比其他班早到二十分钟，在操场上排着队跑上几圈。每天下午我们也要被拉出来跑圈。家委会做了几百张卡片，我们跑完一圈即可拿一张。拿到五张就可以签到离开了。每天两次的体育锻炼让人神清气爽，做事会更有干劲，身体素质也慢慢好起来了。

初中常练习记叙文。语文老师周末时常布置“记录趣事”的作业，倒逼我好好观察生活。可我观察的窗口不多，只能在每天放学后坐地铁回家的间隙看看来往的人群，或是周末补习时看看周遭的事物。幸而我的眼睛动起来了，我逐渐注意到身边的人和事并与之亲近。那时我还经常翻张晓风的散文集，细细体会作家的视角，试着写出生活的趣味来。

为初中部科创节制作的“数学创新实验室”Logo

二、高中

学长团是我高中生活里相当浓墨重彩的一笔，同属于中学时代非典型的事情。从高一“小肆班”被学长学姐们呵护，到参加学长团面试、暑期团建、暑期培训，然后成为带班学长学姐，我感受到非常浓厚的单元氛围和纵向联结。我们承办了三单元的入学教育、心智探秘、生涯历奇、日常探班、生日“寄得爱”等。每次活动，我们团都要做紧张的策划和筹备，反复梳理活动流程。不过团里也常有放松时刻，成员们的生日聚会颇为有趣。到“退休”时刻，我们已经可以自如地应对很多突发事件，和团队成员们也结下了深厚的情谊。

另一件印象深刻的事是通用课挂科补考。高一通用课的任务是用arduino开发板搭建一个能跑直线和八字的小车。搭建的过程涉及木工、零件安装、开发板接线和编程，我可以说是一窍不通。从网上淘来的工具和学长遗留的工具都不甚完整。我尝试着搭好小车，却发现小车跑不起来。原以为是供电电压不够，于是往上叠了很多电池。但它短暂地跑了一段路便又停了。现在想来肯定是线接错了，电压堆高反而容易烧模块。但当时不甚了解，于是修补不成挂了科。第二学期补考的时候从头开始淘全新的零件，请同学合作编程，倒是很快过了。在这门课上我第一次接触软硬件，在大学的前一年半里又陆续搭建了三辆小车，或许最初的那辆小车给我对于专业学习带来了一些遐想。

上了高三之后，生活里基本就只剩下学习这一件事，不过我也找到了课余的乐趣——看书，主要是看小说。高三一年，我抠搜出中午、下午的十几分钟，以及周末的一段时间，看遍东校区图书馆的小说园地。我嫌散文太平淡，看过一段就会忘一段，于是专捡情节张力大的小说读，有时还模仿其中的一些笔法。每次模考前，我都会回顾一遍鲁迅的短篇，洗一洗自己的语言，就像初中读张晓风的散文一样。更多的时候，我读科幻短篇、日本短篇和一些英美长篇，很多领域之前并没有接触过，甫一涉足就有些痴迷。小说之外，我还看了一本同桌刘君给我的数学科普书。还记得高考体检那天抢着时间把它读完，感到心满意足，就去图书馆找了找费曼写的物理科普书，又花上一些时间读完。算上各式短篇集，我高三一年大概读了二十余本书，实在是精神上的无穷享受。

三、结语

回过头再看中学生活，记忆点其实相当多。在常规的中学轨迹之外，我也试着探索一些他人不常涉足之地。得益于深中开放的平台，这个过程竟超乎想象的容易：志同道合者几多，回报极丰厚，一些初高中的尝试甚至可以预见地将改变我一生。这些事件并不构成生活的主线，却构成了我的主线，在庞杂记忆翻涌的时刻，它们是永恒的honorable mention（荣誉）。

深中学子 | 周天涵

迷“网”未知返 拨云终见日

2022届高三（1）班毕业生，被北京大学光华管理学院录取。

教师评语

在高三的日子里，周天涵可谓“披星戴月”，始终在与时间赛跑。回想和她的每次交谈，我都会忍不住唠叨一句：“注意休息，延长睡眠时间。”我也经常会担忧她不能把最佳状态留到高考。这时，反而是她给我吃定心丸，说：“没问题。”

所有的成功都绝非偶然，周天涵具备强大的内驱力，她不仅仅限于海量刷题，更重要的是有着对知识点细致入微的把握。高考是对学习成果的检验，也是对心理素质的考验，最终她也充分发挥出了自己的综合实力，圆梦北大。祝福周天涵同学奋勇争先，再创佳绩。

——班主任　全天飞老师

经常会听到有人说：“深中的生活太精彩，以至于怎么过都是浪费。”回想在深中的三年，我就像编织了一张名为“化学竞赛”的大网，把自己包裹在其中，隔离了我与灿烂的校园生活，让我的高中三年，只剩下网中的书本、题目，以及时不时从缝隙中窥见的有趣的校园故事和一个不断成长的自己。

阴差阳错地考上竞赛班，让我成为“小食屋”中的一分子，结识了一屋子“巨佬”（被班里人均目标清北震撼），也让我交到了陪我走完高中三年的好友。

高一生活是由无数个“第一次”组成的：第一次住宿生活、第一次有学长学姐带领参观校园、第一次“百团大战”、第一次难以及格的单元测试、第一次参加能体现班级凝聚力的体育嘉年华、第一次参加令我大开眼界的单元节、第一次和同学做课题研究、第一次紧张到失眠在床上辗转反侧、第一次给我提振士气的期中考试、第一次全年级一起上网课……

进入高二，竞赛压力骤升，换了一些老师的同时，也走了一批退竞的同学。被“网”蒙住的我时常在偌大的校园中徘徊思考人生与未来，在晚自习后的操场悠悠散步看月亮数星星，在图书馆里强忍睡意看书自习，在竞赛教室与几个同学欢乐地聊天，在宿舍点一盏灯与题目夜战（得不偿失的行为，不要学习）。

高二的我患得患失，蒙在“网”里，努力思索着自己在化学竞赛道路上的未来。没有时间参加的各种校园活动，学长团、十大歌手比赛、各种精彩的社团……这一切就像“别人的深中”，可望而不可即。但是这也应了我妈妈形容我那句“不撞南墙不回头”，我既然选择了竞赛，就要专注地坚持走下去。

因为参加竞赛，我在九月底才正式进入高三行列，踏入1班的教室，突然如释重负，终于卸下竞赛的担子，专心于高考。兜兜转转两年，又回到最初的起点，是失意，是不甘，是无奈，是短时的慌张，是下定决心的孤注一掷。

心情复杂的我，还是将自己交给了学习：不愿意午饭排队浪费过多时间，选择在教室多学一会儿；下午泡在图书馆，与题目斗个“你死我活”；晚自习结束，留在教室，天天踩点进宿舍……虽然每天的生活是枯燥的循环，但我喜欢傍晚从图书馆出来看到的晚霞，那鹅黄的、玫红的、淡紫的一片天，那闪着翡翠光彩的“地王”，抚慰了我疲惫的心灵，为我的希望续上一点火焰；我也喜欢课间、晚自习后与同学聊天，谈大学、谈专业、谈理想、谈未来，也谈家事国事，教室里时常回荡着我们的欢声笑语，回宿舍的道路时常被我们“深刻”的言论点缀；我还喜欢上的每一节课、每一位老师，下课想找老师问问题往往要排长队，但老师细致入微的解答对得起这一份等待，遇上烦心事也可以向老师倾诉，请老师帮我解开烦乱的心结。

由于疫情，我们在高三与老师们一起度过了一段难得的封校时光。在那将近两个月的时光里，有吃腻的饭菜、有做核酸的长队、有与老师的近距离接触（可以和老师们一起打球、跑步），也有与同学朋友“灵魂”的碰撞。这些都是深中所有校务工作人员辛勤付出的结果。

深中的老师都非常认真负责，有“春蚕到死丝方尽，蜡炬成灰泪始干”的态度。还记得，自主复习阶段，大家排队问杜晓丹老师问题，一条长龙排到办公室外，常常耽误老师吃午饭；还记得，Nancy老师高频率地现身教室，“捉拿”没有按时交作业的“小妖精”们；还记得，张红兵老师偷偷告诉我他的电脑密码，方便我寻找学习资料；还记得，陈特漂亮的板书、低沉的声音、折磨人的题目、细致入微的讲解；还记得，邓嫦圆老师的次次鼓励，句句“你可以的”“不用担心”，和她灿烂的笑容。

特别是全天飞老师，在我四校联考折戟沉沙时，仔细为我分析考试中出现的问题，反复提醒我注意休息，帮助灰心丧气的我走出阴影，重拾自信；在封校结束却收到粤海街道有疫情的“噩耗”时，第一时间打电话给我，确认我留校还是住酒店；在第一天高考的那个晚上，给饱受数学折磨的我们加油打气，让我们保持正常的心态面对接下来两天的考试。

深中的这三年里，我格外喜欢高三这一年，我爱它时不时的压迫感和毫不留情的打击，我爱它一次次给我动力引导我不断前进，也许我最爱的，还是它塑造了一个更好的我。

如果要问我选择参加化学竞赛后不后悔，大概没有什么好后悔的吧。进入高三，我最喜欢的一句话就是：“悟已往之不谏，知来者之可追。”虽然化学竞赛让我错失了参与社团与各种学校活动的机会，但也让我遇见了非常优秀的老师与同学，让我更加清楚地认识自己，真正意识到我从一开始就不是

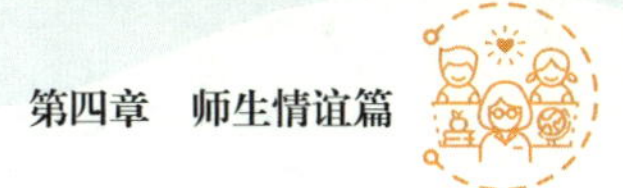

天赋异禀的学生，但是没有关系，天道酬勤，念念不忘，必有回响。

写到这里，感觉自己并不是一个合格的深中人。别人五颜六色的深中三年，到我这里只有单调的色彩，但正是这单调又灿烂的色彩，绘制了我破茧成蝶的高中。

深中学子丨张纯熹

我的深中竞赛之旅

2022届高三（1）班毕业生，被清华大学求真书院丘成桐数学英才班录取。

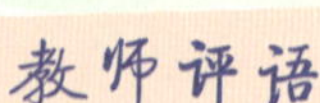

高三前，张纯熹同学一直专注于数学竞赛，回归高考后，他几乎是以零基础备战高考。虽然仅剩四个月的备考时间，但张纯熹通过自己的努力，最终在高考中取得了极为优异的成绩，可见他具备超常的天赋、极强的学习能力和异于常人的坚韧品质。这正是他不仅能在数学竞赛中摘金夺冠，也能在综合考试里全面发展的原因。相信他在清华大学定能再创佳绩，勇攀高峰！

——班主任　全天飞老师

初中

我初中生活的起点是在深中高中部的西校区，所以一个月后，当我们踏进东校区的校园时，我立刻惊叹于校园环境的美好：高耸的教学楼、宽敞的体育馆、装潢精美的教室、偌大的食堂……初一的我当即就下定决心：一定要在这所全深圳最好的中学里精彩地度过自己的中学时光。

初二开始，学校进行了竞赛方向的分流。我当时已有一定的数学竞赛的基础，便选择了数学竞赛。当时大多数人（也包括我）并没有意识到自己选择了一条什么样的道路。如今，我已进入大学一年多，回首方觉自己在那时就已选择了一条不寻常的路，但初中的时候，我的眼里还没有前路的困难与挑战，当时想法很简单：学数学挺好玩，学数学能上北大。

初中的学习生活是快乐的。当时，我的竞赛学习穿插在正常课程的学习之间。半周的晚上，我都要额外上3个小时的竞赛课，回家后才能抓紧处理学校的课内作业，做到23点是常事。兼顾课内课外的学习可能有些辛苦，但如今回想起来，只记得晚上下课回家和同学们结伴而行，一路说说笑笑，并常常故意放慢脚步，攀谈许久才不舍地回家的快乐时光。初三之后，部分竞赛生可以在下午自主学习竞赛，我们便在自习室几人一组集体自习，浓厚的学习氛围之中也不乏有趣的小插曲。某天中午，一只麻雀飞到了竞赛教室的天花板上，我们便嬉笑着尝试将它赶走，欢声笑语之间，我们几个“数竞生”也成为要好的朋友。

当然，虽然回头来看，初中的时候，我并没有经历很多学习上的真正的挫折，但在当时，一次次考试也代表了一次次磨炼和挑战。课内，数学每周会进行一次小考，被我们戏称为“周爽”，根据成绩会分配后续的上课班级（当时数学、语文是分班教学）。我常以为这样的高强度考试和排名为同学们带来了许多额外的压力，但在考试中，我也不断地锻炼考试心态和考试技巧，这让我受益良多。

高中

在欢声笑语中，初中生活一眨眼便迎来了终点，但即将到来的联赛考试并未给我留下太多喘息的空间。初三的暑假几乎全部被用来准备高联的考试。数学竞赛的考试面向所有高中生，所以刚入高中的我就要跟高二高三的学长学姐竞争。不看教室中密密麻麻的同学，我把注意力全部放在每天的模拟考试上。我深知真正的对手不是深中的其他同学，也并非广东其他学校的众多考生，而仅仅是我面前的那份试卷。对待每一份试卷，我都尽量保持认真的态度和平稳的心态。

两个月的备考时间很快就过去了。刚上高一的我并没有为自己预设很多目标，所以当我在考场上做出来二试的第三道大题的时候，兴奋到差点跳起来激动地挥舞双手。记忆中考场外的风都格外清凉，呼吸的空气都是甜美的。我的几个好友也大多发挥得很好，我们便在学校的组织下马上投入决赛的备考当中。

俗话说“乐极生悲”，我们第一次正式考试便答得相当理想，这太快取得的成绩让我们都有些志得意满。在做过往年的题后，我们都相信在决赛中可以取得金牌，于是，我们在后续准备决赛的时候松懈了很多，自习的时间多半被我们荒废掉了。相比之下，几位学长在进入省队之后稳重了许多。校内几次考试都比较简单，没有暴露我们的太多问题，我们便依然悠哉悠哉地准备考试。

到了正式考试的那两天，考试题目相比往年甚至更简单了，但大家纷纷在考试中失误。虽然后面看来，我不认为我们考试失利与考试前的松懈有直接的联系——考试所反映的问题一直客观存在，但我确实没有利用考试前的准备时间来寻找自己存在的问题，导致在实际考试中才暴露出水平中的缺陷。几位学长大多考得不错，而我们高一新生中仅一人获得金牌。

第一次考试的失利让我正视了自己实力的客观缺陷，也激励我在数学竞赛上继续提升自己，于是在回归学校正常课程后不久，我便充分利用所有的时间，专注于竞赛的学习。此时，几个朋友已通过其他计划进入清华大学，在羡慕之余，我也下定决心考入清北。每天，我都有充沛的自习时间让我选择如何弥补自己的知识漏洞、提升自己的思维水平，但是，长时间的自主学习也容易使人懈怠，无法保证学习进度。为此，我吸取了上次的教训，制订了较为详细的计划，在那段时间做了大量的习题，每天保持相当的学习进度。经过将近半年的学习，我自信自己的能力获得了提升。

第二次高联考试十分顺利，我再次进入了CMO（中国数学奥林匹克）的备考之中。这一次，我的同伴大多是新高一的同学，他们大多实力强劲，即使在决赛考场上也有相当的竞争力。我本以为自己实力有了许多提升，但学校组织的第一次模拟考便让我备受打击：考试比较有难度，我在做题时遇到了瓶颈，但身旁的同学们却很快做出。临近考试结束，我的心态也开始失衡，考试的最后半个小时，我大脑一片空白，手上的笔还在飞快地做着无用功。最后，我的成绩不甚理想——只做出了两道题，而其他人都做了三题以上。经过总结，我认为自己应该正视与同学们的差距，并专注于自己的学习情况。于是，我再次决定不留在班里跟大家一起准备考试，而是在家中自己学习。这段时间，我做了许多很有价值的题目，通过不断地思考和总结，我在最后两个月中进步了很多。这时的我回看去年的题目，发觉自己已经可以得心应手地解决许多问题了。在决赛中，我相当顺利地做完了足够的题目。赛后，我也短暂地回归高考，在学校老师们无私的帮助下，我顺利达到了所需的分数，考入了清华大学丘成桐数学英才班。

在新高三的开学典礼当天，我回到了深圳中学老校区。漫步校园，我既无比留恋这所陪伴我多年的高中，也感叹世事的变迁：食堂、小卖部、C楼教室……似乎一切都不是从前，似乎一切又还是从前。时光荏苒，这些年消逝的，可能不只是我的中学生涯。

大学

因为疫情隔离，我错过了开学典礼。踏入清华校园，第一个跟我交流的，便是我们班级可亲的辅导员。他做事细致周到，不但帮我做了充足的准备工作，还带我绕学校逛了一圈，向我详细地介绍清华校园，使我即使初来乍到也不感到陌生。辅导员们主要负责学生事务，他们监督我们的学习，为我们日常的困扰答疑解惑，还积极组织班级活动，使我们快速融入校园生活。

清华的校园不但风景秀丽，还拥有完备的基础设施，使每一个在这里的学生都可以安心地专注于学业。饮食方面，清华拥有十几个不同的食堂，分别位于校园不同的角落，可以满足来自天南地北的学生各种口味需要；学习方面，清华也有诸多图书馆、自习室、研讨间，鼓励学生们在自主学习和讨论中进步；在娱乐方面，清华拥有三个操场和多个体育场馆，以及活动室等，支持学生们的文娱活动。

清华的学习生活对学生提出了很大的挑战，尤其是求真书院，学生们都具有相当高的数学水平。来清华的第一个学期，我便感受到了较大的压力，我的舍友们都提前半年入学，所以在学习进度和生活经历上，我都落后于他们；当我在为课后作业而犯难的时候，他们早就开始了课外知识的学习；当我和考试题目面面相觑的时候，他们却早已潇洒地交卷离场。平时课堂学习也是如此，老师上课进度十分快速，课上经常无法跟上老师的思路，我只能在课下花大量的时间消化老师的教学内容。在各个科目中，学习物理对我来说是最困难的。第一个学期的物理采用全英文授课，同时用到了许多课上不会提及的知识，我便只能一边补习课外知识，一边努力跟上课内学习。课程会布置数量众多的课后习题，其他大多院校的全部作业量基本与我们某科作业量持平。作业题目不但数量多，个别题目还有相当的难度，需要课后仔细思考才能解决。进入大学后，我发现学习生活中需要隔绝他人的干扰，不应该关注他人的学习情况，不与他人作比较，而应该专注于自己的进展，争取提升自己。我觉得这点在我的学习经历中一直适用，我想即使是对面临高考的学生来说也是如此。

大学中可以自主支配的时间非常多，尤其是清华大学，所以做好生活规划很重要。我在刚入学的时候并没有把握住各个时间的平衡，导致学习情况不是特别理想。直到第一学期末，我才找到大学生活的节奏，并逐渐形成了大致固定的日程安排。当然，随着学期的变化，适当的调整是必要的，但我觉得总体规律的日程是很有益处的。同样的，自主学习的能力十分重要。大学的老师并不会像高中的老师那样事无巨细地辅导学生学习，所以尽早培养学习的自主性也是十分重要的。

总的来说，在这一年多的大学生活之后，我逐渐适应了清华大学的生活方式，也爱上了这所学校。我相信深中的同学们来到清华大学之后也一定会喜欢上这里自由而严谨的生活方式。欢迎大家报考清华大学！

深中学子｜余洋皓

与深中的六年缘

2022届高三（3）班毕业生，被复旦大学数学与应用数学专业录取。

教师评语

有志者，立长志。在追梦路上磕磕绊绊，有沼泽，有高峰，而余洋皓就是那个不仅不逃避困难，而且珍藏每次进步的喜悦，接纳徘徊时的焦虑，适时与自己和解，执着坚定，迎难而上，遇强成为更强的人。

他聪明机敏，谦和有礼，有着丰富的内心，总是能够给人带来正能量。他对数学有着发自内心的热爱与坚持，也正是这份热爱，他经历了不一样的丰富人生，更难得的是从中成长为心智、思维更成熟的人；也正是这份热爱，他在高三时愿意挤出时间与同学交流，在交流中不断尝试、不断进步，从而收获了珍贵的友谊。环境创造人，而人也同样创造了环境，也感谢他为融洽的班级氛围贡献了很重要的力量。

——班主任　曾雯老师

现在的我，坐在书桌前沉思着，希望用自己细碎杂乱的文字聚拢一些深中生活的碎片，但却不知从何落笔。那索性就以简单直白的标题开头吧，毕竟在深中学习了六年，单就时间维度而言，我能说的东西确实不算少。

这六年之缘其实可以追溯至更早以前。曾几何时，身为一名在培训机构学习的学子，我自然知道深中的威名，于是乎，不经意间，当时我的心中种下了向往深中的种子。

记起来前几日翻旧照的时候，无意翻到了一张在课堂上的照片，不禁哑然失笑。照片中，老师让我们填理想中学、理想大学和理想职业。记得当时不知天高地厚的我填了“深中”“MIT”“当清洁工”。

玩笑归玩笑，总而言之，深中成了彼时我的梦校。也很有幸，我最终可以进入深中竞赛班就读。

一、初中

从南山、福田一路搬到罗湖，对于周遭环境，我的心里多少是有些落差的。但是深中用她美丽的身姿拥抱我，抹去了我的这份失落。

犹记得初识“钥匙妹”的那份欢喜，犹记得第一次品尝有品美食的满足……东校区真的有太多美好值得留恋，即使经历六年光阴的变迁，它在我心中仍一直占有着一块柔软的地方。

而欣喜过后，依然要面对学业。虽然学业远称不上繁重，但是当身边忽然全是深圳最顶尖的学子时，所有人都会或多或少感到一种无形的压力。

竞赛班的所有老师一遍遍地强调，既然来到这里，那就要忘记过去的光环。毕竟大家都是目前阶段的佼佼者，我们不应在内部比拼中失去了斗志。就我而言，一颗平常心此时显得无比重要。例如第一次数学考试，我觉得考个十几名便差不多了，最后考了年级第一，多少会有点开心。再比如第一次期中考试，我的预期排名是前三十，于是当我拿了第八名时会有一丝欣喜。

总之，小学时期那个狂妄的我在深中心甘情愿接受了自己的平凡。这里有游泳健将，有美声奇才，也有钢琴达人……他们在各自的领域专精的同时，成绩也能名列前茅。

而我？（苦笑）

身处竞赛班带给我的意外之喜则是我喜欢上了表演，虽然技艺远谈不上精湛，但是拿得出手，这便足矣。记得初一的元旦晚会，我是被推上舞台即兴表演的。此后便一发不可收拾，表演过唱歌、rap，还登上过雍睦堂的舞台。为愿意欣赏我表演的同学们表演，这一直是我的表演原则。

接受自己的平凡，当然远不止是接受自己兴趣爱好方面的平凡，而更应该是接受自己智力水平的平凡。

从小到大，我被数不尽的人夸过聪明，这其中甚至包括一些竞赛教练。但是当进入竞赛班以后，我能明显察觉在竞赛方面、综合方面悟性比我高的同学实在是太多了。鉴于本人是竞赛生，就浅提几句初中的竞赛生活吧。

我对初中的竞赛时光记忆不深，只是依稀记得初二时成为代表我们这届同学征战初三数学联赛的五人之一，那是我第一次感受到自豪感和使命感。但是我印象最深且最难以忘怀的，是那周末竞赛培训下课后的一张有品手抓饼。

为什么是手抓饼呢？首先因为它真的真的真的很好吃，其次，那是我第一次在刻苦用功后自主地奖励自己。这种自发的对自己达成目标后的奖赏成为我日后学习生涯中十分有效的一招。

初中三年的竞赛生活确实教会了我很多，我也见识到了那些进入清北的同学们的强劲实力。他们的悟性真的比我高出很多很多吗？我认为不然。但是他们的刻苦、他们对于数学的痴迷确实是我所望尘莫及的。如果一并算上高中的同学们（提前进入大学的J同学、L同学等），我的感受也还是大抵如此吧。

初中三年结束，我背水一战，最终如愿进入高中部。

二、高中

升入高中，又是三年缘。鉴于竞赛生活大致与初中一致，我也就不赘述了。

兴许是初中在竞赛班待的时间太长了，升入高中后形形色色的社团、校规、实践学分等确实会让我有一种“乡下人进城”的感觉。当崭新的生活在向我招手的时候，我选择了硬着头皮继续走我三年前选择的道路。也因此，我的半个朋友圈子从初中，甚至小学五六年级以来就未曾变过。

现在想来，或多或少会有点后悔吧。甚至为了弥补缺憾，我在大学成为班委、进入了学生会。

那个继续搞竞赛的决定虽谈不上莽撞，但我也因此不得不付出一些代价。除了不得已待在社交的舒适圈内，我也因此落下了不少综合学习的进度。

于是我惴惴不安地步入了高三。

首先我很庆幸自己在高二的暑假做出了参加分班考试的决定，这诚然有从竞赛班跌入普通班的风险，但是当时相对自信、正常发挥的我也算是对得起自己的抉择吧。

就这样，我进入了高三（3）班。高三（3）班真的带给了我很多很多，以至于我甚至不知该从何说起。我认为在高三极其重要的两点外部因素便是老师的指引和班级的学习氛围。在这两个方面，我始终坚信3班已经做到了近乎极致。这里不仅有六位拥有顶尖教学能力、经验老到、能为你指点方向的老师，还有融洽的班级氛围（或许在“卷”的程度上逊于隔壁两个班，但是同学之间能相互答疑解惑、相互督促，课间也能尽情玩耍，这似乎是我心中最理想的班级学习氛围）。不仅如此，在这里我还认识了一群有共同语言的挚友，我们现在还会时不时以各种形式聚一聚。

但论高三最重要的，还得是自我的调整。因为竞赛学习占用了过多时间，我的高三近乎是一个完整的查漏补缺史。老师们一直在强调厚积薄发，而一段考、二段考的时候，就已经有同学开始“薄发”了，这导致我的名次出奇地难看。在拿到这种前所未见的难看成绩后，自我心态的调整至关重要。

在经历了高三几个月的枯燥沉闷的生活后，2021年圣诞节，一个浪漫的想法来到了我的脑海之中。我借口出门跑步，悄悄走到了很多曾经去过的地方，也邂逅了很多未曾见过的风景。彼时的我最大限度地使用了所剩无几的自由，思考并且畅想着生活的美好。

怎么说呢，这种突发奇想的浪漫像是新鲜空气一样，虽然傻，但是对那时的我来说十分有用。

再后来，就是封校生活。这段日子对我的影响真的很大，可以说，这是我记忆中高三最浓墨重彩的一笔。

诚然一部分人因封校而心情躁动，但我却是异常平静。这种状态其实对于我而言是合乎逻辑的——身为一个中学六年都是走读的学生，这次封校让我和家里“脱了钩”。从前的我或多或少会觉得和家里有着联系，而现今的我有了一个重新独立审视自身的机会。也不是说以前我没有认真独立地审视过自己，只是封校的时候，我的思路逐渐变得清晰起来。我明白了高考能给予我什么，以及我究竟希望从高考中获得什么。于是乎，我可以不理会校外的人际关系，更加投入地查漏补缺、提升自己了。

当然，封校时的日子也是枯燥乏味的，而深中也举办了趣味活动来丰富我们的精神生活。但最令我难以忘怀的是我们宿舍和隔壁宿舍的七个朋友们，他们是这段生活中一抹彩虹般的亮色。犹记得同桌V同学（住隔壁宿舍）一日突发奇想，从网上下单了一个灯球。灯球到货后的一个夜晚，一众男生自发地聚在某间宿舍里，关了灯，打开灯球，就着那炫目的彩色光斑齐声唱着耳熟能详的歌谣。诸如这样的浪漫还有很多很多，我可能都不一定能悉数记得了。不过无论何时、无论何地，我们总归是要在生活中找到一些美好的，不是吗？

高考逼近，我们解封，开始最后的冲刺。当时我各科的查漏补缺都将近完毕，而我也很享受最后的在校时光。

高考很平淡地结束了，我得到了比预料中更高的名次，并且以一种魔幻的方式来到了复旦大学。没有深中优秀毕业生的光荣榜，没有校园公众号的采访，只有在下一届开学典礼时被朱校长cue到。但是这恰好是我理想中的一切，正如在深中的六年一样，平平淡淡、普普通通。

朱校长说得很对，哪里都是新的起点，每处都有无限可能。高考结束后，同学们有哭有笑，悔恨的、沉默的、惆怅的、兴奋的、窃喜的，那一切的一切都被尘封起来，终将沉入记忆的海。

最后一次进校，约莫是高考完之后的毕业晚会。离校时其实我并没有极大的不舍，因为我知道，迟早有一日我还会再回来看看的，而与深中的缘，又何尝只有简简单单的六年。

如果可以，我希望这缘分的时长，是一辈子。

深中学子 | 杨景云

路在脚下，心就在前方

2022届高三（1）班毕业生，被上海交通大学巴黎卓越工程师学院录取。

教师评语

竞赛生们回归高三的第二天，缺课已久的杨景云在化学方程式测试中竟斩获满分，成功引起了我的注意。看到他在个人介绍中写到“嗜甜”，而我也喜欢甜食，我们又是同一天生日，这奇妙的“缘分”让我顺理成章地和他分享生日蛋糕。没有什么烦恼是一杯香甜可口的奶茶解决不了的，从考试失利中被治愈后，杨景云又能充满能量地和老师探讨之后的努力方向了。作为一名数学竞赛生，数学是杨景云每次考试的不败阵地，这让我对他的应试能力和心理素质十分放心。即便如此，杨景云也从不懈怠，善于规划，不骄不躁，相信具备这些优良品质的他，未来定能行稳致远！

——班主任　全天飞老师

从初一加入深中初中竞赛班，到今年高考离开深中，我已在这个学校度过了迄今为止人生中最精彩的六年。在这所学校中，我收获了许多成长，而深中的开放包容、积极进取的精神，也会是我人生道路上的路标，指引着我不断前进。

竞赛篇

我在加入深中不久后便选择了参加数学竞赛。初三拿了一次省二，高中三年拿到了三次省一，虽然很遗憾没能进入省队，但是也还算是不虚此行吧。

一开始我并未领悟学竞赛的真正意义，只是懵懵懂懂地随大流踏上了这条数竞之路。几经波折，在经历了数次坎坷和抉择后，我最后坚定地选择了数学竞赛。

在做出选择后，便是三年如一日的数竞培训了。

在培训的这些日子里，我接触了不少很优秀的竞赛教练。他们各有特色，教学方式也有较大差异，但他们都让我收获了很多。有各项全能、总领深中数学竞赛的王坤老师，有严谨细致、认真负责的吴边老师，有几何专长、潜心钻研的金春来老师，也有平易近人、擅长高数的宋浩毅老师。在他们的教导下，我的竞赛水平得到了很大提升，他们是我走上这条路的引路人，也非常感谢他们这些年来的教导。除了这些老师外，我还上了学校邀请来的很多校外数竞大咖的课程，有的天马行空却一针见血，有的层层剖析、逻辑无可挑剔，也要感谢他们开阔了我的视野。

数竞生活中，刷题是不可避免的，但是和备战高考不一样的是，数竞要刷的题往往是那种需要很多时间去钻研，甚至要花数小时去思索的难题。有金老师出的稀奇古怪、令人看似无从下手的几何题，也有看似简洁但却能难住众人一个多小时的不等式，还有需要分类讨论、仔细枚举、令人头皮发麻的组合题……这些难题虽然往往能把我难倒，但是我也从中收获了不少，而这样攻坚克难的过程，更是学习数竞的乐趣所在。一道难题，反复演算，运用各种已知的知识，经过一番“敲敲打打”后终于成功做出时的喜悦总是无与伦比的。

闲暇时光，数竞教室也常常充满了欢声笑语。我和朋友们常常会一起在教室里点外卖、一起“颓机”，讨论八卦或是用计算器壳打乒乓球，等等，简单的活动总是充满了快乐。那是一段十分纯粹的时光，大家有时聚成一圈七嘴八舌地讨论题目，碰撞思维的火花；有时几个同学拿出扑克牌或是手机，忙里偷闲玩上几把。还记得当时在steam上找到的一些小游戏，简简单单的游戏却激起了众人的热情，不少人在课间都在数竞教室投影白板前围观，缓解上一节课学习带来的疲劳。那是一段多么美好的时光！

三年的竞赛生活，带给我的不仅仅是那几张奖状，更是逻辑思维的提升、自学能力的提高以及一群志同道合的朋友。虽然最后还是很遗憾没有进入省队，没有实现更大的辉煌，但是这些年的竞赛生活已经足够灿烂，它是我人生中不可或缺的一部分。

高考篇

竞赛结束后，我便回到晒布准备高考。没有省队的加持，就意味着我在和没有参加竞赛的同学竞争时，没有任何优势，少了高二下学期半年时间的积累，我甚至出现了知识点大量遗忘等问题。面前，仍有艰巨的挑战。

回归的第一个星期，我就感到了巨大的压力。我尝试独自完成高三摸底考英语卷，在超时半小时的前提下，我竟然“喜”提100/150的惨淡成绩；生物老师发的填空练习，我更是望着白茫茫的空白无处下手；一向擅长的物理，却在选择题测试差点不及格；最令我绝望的是，我的主项数学，居然会2个小时做不完高考卷，一道极值点偏移的大题抓破脑袋也想不出来怎么做。

不过基础极其薄弱的我，有着得天独厚的优势：巨大的进步空间。刚回来时为了赶进度，老师们恨不得在短短几节课就把所有知识点全部塞给我们，在高压的学习环境下，我的潜力也被充分激发了出来，我渐渐适应了高考的节奏，分数也渐渐上涨。从一阶考的200名出头，到二阶考的98名，然后到深一模的39名，我逐渐走向正轨，心态也变得平和了。

最让我印象深刻的是英语。这门学科可以说是我一直以来的“心腹大患”，常常一错就是一大片，错四道阅读题算是家常便饭，甚至在四校联考的客观题上痛失31分。多次考试惨败后，我痛定思痛，决心要彻底补好英语这门学科。我常常到老师办公室去解决疑惑的阅读、完型题目，在刘红宇老师的细心讲解下，我做题时的“杠精”思维也在一点点转化；我也认真钻研深中统一发的各种类型的阅读练习资料，仔细琢磨不同题目间的相似之处。在练习作文时，我会吸取作文素材以及同学范文中的短语或搭配，争取运用到自己平时的作文练习中……在长时间的努力下，我的英语水平有了长足提升，高考也取得了139分的成绩。

总体备考方面我也有些话想说。首先就是做题方面，千万不要只注重题目数量的堆砌，而应该去归纳整理，看明白答案的格式以及思路，避免因不规范而失分，摸清楚每个模块的出题规律，毕竟刷的题目数量不重要，真正重要的是知识点的掌握。然后是错题本方面，就是千万不要事无巨细把所有错题都整理在错题本上，可以把一些题目思路整理到试卷或者练习册上，然后定期、有规划地翻阅一下，省时省力，部分很重要的题目再考虑专门在错题本上进行归纳总结，比如数学导数压轴、语文简答题格式等。最后是保持规律的作息，尽量少熬夜，尽可能多参加锻炼。比如下午放学后去跑跑步，虽然看似会占用一部分学习时间，但它能让你效率充分提升，同时思维也会更加敏捷，这不是多出一两个小时学习时间所能替代的。

当然，在备考时期，学校的各位老师也对我有很大的帮助，很感谢他们对我的付出。比如班主任全老师，多次找我谈话分析我的问题，也在我高考数学考崩后给予我鼓励；还有刘红宇老师，每次我去答疑都十分耐心地为我解答，还常常在我的英语作文练习纸上写鼓励的话语……他们是我高考道路上不可或缺的助力，再次感谢他们。

生活篇

正如学长学姐们多次描绘的一般，“深中的生活太精彩，以至于怎么过都是浪费”。这里有种类繁多的社团，有数不胜数的活动，有引人入胜的选修课……虽然很遗憾，由于竞赛繁忙，我并没有机会体验深中的社团和活动，但是我认为我的深中生活已经足够精彩。

高三刚考完一阶考的那天，是我的生日。还记得我匆匆忙忙从考场跑出，带着订好的蛋糕和披萨，和众多好友一起，在晚自习前庆祝生日的情景。当时我们在C栋天井一楼的木桌上聚会，玩着狼人杀，分着蛋糕，在欢声笑语中度过了我的18岁生日。很巧的是，那天也是班主任全老师的生日，在晚自习上课前我们也一起吃了蛋糕。虽然考完试和晚自习中间只有短短70分钟，我们只能争分夺秒吃完蛋糕和披萨，带着还没吃完的蛋糕飞奔回去上晚自习，但是这无疑是我高三最美好的回忆。

在深中，许多美好的场景都令我难以忘怀。那是二胡选修课从只会“锯木头”到能拉出准确的音符；那是高二每天晚上操场“竹林七贤”在操场上奔跑、编小说、玩游戏，跑完后一边走路一边畅聊；那是小卖部里常有的冰镇喜之郎果冻和封校时期的美味“方便粥”；那是高考前最后一段时间每天下午食堂的免费巧克力和水果；那是封校时周末晚上一大帮同学在天井玩的桌游；那是晚自习后去一片漆黑的成美楼“探险”的经历……这些都是我的深中记忆中不可缺失的一段。

回头看看，在深中这几年走过的这段路颇为难忘。当然，前方还有更多挑战在等待着我，不过我相信，路在脚下，心在前方，我要带着深中给予我的精神财富继续走下去。在这里也祝愿各位校友，愿你们的未来更加璀璨！

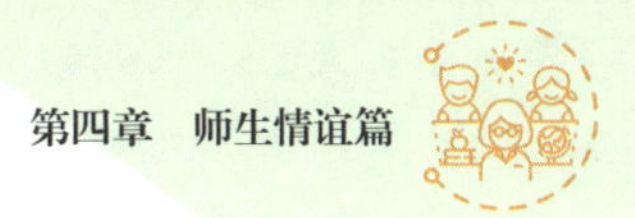

深中学子丨陈素瑾

从此，花开花落都有了声音

2022届高三（17）班毕业生，被浙江大学社会科学试验班录取。

教师评语

跟陈素瑾说话，会让你变得很温和。她慢慢的，柔和的，什么事都不着急的样子；她眼睛里有光，嘴角总是弯弯的，一个安安静静、随遇而安的乖巧女孩。高三是文科女孩的重生之地，那些没有压垮她的只会让她变得更强大。刻苦、自律、自信，无论是封校的47天，还是最后的自习，一样的柔和坚定，不急不躁。坚韧的女孩子可以克服一切，活出青春的光彩，终于在高考中博得满堂彩。深中伴她一程，祝福她的路越走越宽！

——班主任　汪健老师

一、初识+探索

在踏入深中的那一刻，我的眼神坚定而真诚，我留意着每一个新生和学长学姐的面孔，用眼睛定格无数细小而转瞬即逝的画面，因为我知道，与我从未相识的他们在我的深中故事中留下了第一抹色彩。那一张张面孔，自信、生动、温暖，我失了神，这片土地上栽种了多少理想？

我小心翼翼地探索着。

在参加了5个社团的面试后，我只留在了广播站，借着小小话筒分享我的故事、我的兴趣，在录音和音频剪辑时期待着下周再见，为我与许多只耳朵的相遇感到欣喜。

2019年的元旦，我留校参加了游园会，东校人流涌动，初中生和家长们面带向往的神情，与几年前的我如此近地重叠在一起，而摊位上学长学姐们自信的模样让我意识到，那才是我未来的影子。终于在高二的游园会上我和朋友拥有了自己的摊位，我们自己设计的商品带来了一笔可观的收入，重要的是我们的产出得到了满意的反馈。

深中的大舞台上有人站在中央，但在这里聚光灯不只是照耀在中心处，舞台的每一个角落都有一盏灯等待着照亮每一个学生独特的成长轨迹。每一个人都有丰富的可能。

二、蜕变+逆袭

整个高中三年，我的成绩不算优异，甚至经常处于中下游。

高一的大考从来没有进入过前四百，这让我的爸妈十分担心，他们怕我的自信被消磨，他们怕我忍受不了与别人的差距。后来我决定转历史方向，高二如愿以偿进入博雅班，曾经我稍有自信的数学也无法让我的排名挤进文科班的中上游。我真的非常迷茫，甚至有些自卑。不过这些消极情绪在我专注做题的时候减少了许多，一套卷子又不是所有题都不会，怕什么？在挣扎的痛苦中我并没有放弃巩固与总结知识点，享受着解答出别人早已掌握的题的快感。也许我们应该低头看看自己前进的脚步。

幸运的是，高三分班考后我被分到了文科重点班。

我们17班对数学有着极大的热情和执着，我也不例外。一轮复习的知识大汇总让我有些兴奋，看到笔记本上成体系的知识框架，错题本上好几种解题方法，我难以抑制地对数学产生了喜爱。哪怕分数并不可观，数学对我的吸引力也一直存在。在这个十分看重分数的阶段，我因发现数学的精妙而能够更加专注和投入于做题。

紧张气息和对高考的恐惧也会时常让我喘不过气来。大考中我徘徊于三四十名，最后一次模考甚至跌出年级前五十，这对于重点班的学生来说，就是拉响了警报。无数次周日返校的路上我在车上无声哭泣，爸爸并不知道我的眼泪，他只是在每一次经过洪湖公园的时候给我鼓劲加油。我常常委屈地想，成绩不好就意味着我不累吗？但是这个苦我得吃下，未来也许有迷雾，只要踏踏实实地做好自己的事就行了，没有走到最后一步，那么希望和机会一直都在，谁知道几个月后或是一年后是什么样呢？现在加油就好，也许我不用想着努力的成果什么时候才能兑现。每个人的花期不同吧。

许多个晚自习，以及最后二十多天的自主复习，我漫长地与自己对话。做不出题的时候，就开始写日记，难过的情绪在提笔后唰唰地溜走了，总也忍不住写下些积极的话语，于是日记里又添加了许多感叹号。在我重新拿笔做题的时候，大脑已经清扫了部分负面情绪。合理的情绪调节让我在做题与复习的时候保持定力和专注。

自主复习和高考期间我的心态都比较稳定，哪怕二模那55名的校排名“血淋淋地”摆在我面前。我给自己的心理建设就是，排名属于每一次考试，而其背后的知识清单才是关键。我反复巩固错题和笔记，每一遍的回顾与新整理的思维框架都让我增添底气与信心，暗示自己会有进步。高考那三天我当然也很紧张，但是在考场上一进入做题状态就会将不安抛之脑后，心态的稳定靠做题情况来维持，像往常一样，调动脑子里的知识储备去认真答每一道题，这时就发现，以前所有的坚持和执着真的会在高考兑现成果。所谓厚积薄发就是这么回事吧。

我从来没想过我的高考会这么让我惊喜。我常常盘算一张卷子我拿不到的分是多少，以及我可以努力拿到的分是多少，然后明确复习方向。这样既为自己减轻了心理压力，又能打起精神去冲刺。我为自己安排了缓冲区，以至于我没有过多纠结于排名，而是关注试卷的掌握程度。从年级55名到省排名206，这中间是漫长的生长期。

高三封校的一个星期天，我起得很晚很晚，同学们早已坐在教室抑或图书馆里静心学习，我站在17班教室门口的空地上，教学楼遮挡住刺眼阳光，风吹得直来直往，我将相机举向干净的蓝天，眼睛却没有盯着取景框，我看向不远处享受太阳拥抱的凤凰木，它充满希望。这是所有人的深中，也可以是我一个人的太阳。

三、遇见

成为深中的一员后，遇到了许多闪耀的人，他们的光亮与这座学校的光辉相互交错，投射于我，感染着我。周围的同学有的能在社团工作与学业之间无缝切换，有的在课业之余拓展学术的宽广领域，有的热情、大方、友善，游刃有余地做自己。最初的同伴压力在与同学们的相处中一点点缓解，转化成向阳生长的动力。

不得不感谢博雅班的朋友们，原来的我性格慢热，不爱说话，成绩也不突出，但这个集体总是用无穷的能量包裹着我，我感受到了来自他们细腻的关怀和热情的回应。

高二的班主任任亚飞老师就像哥哥一样，时不时来关心我们的学习与生活。有一次他单独找到我，问我是不是遇到什么不开心的事，因为看我好像情绪低落，告诉我可以多找他或者同学聊聊天。这种被关照的感觉好棒，听了飞飞老师的一番话，我决定慢慢敞开内心。高二一年大家为班上同学举行了许多场生日会，晚自习课间灯一黑，生日歌缓缓响起，我们坐在座位上打开手电筒摇摇晃晃地唱，掩盖不住温暖与治愈的气氛。而我的生日会作为最后一场，在四校联考的前两天举办了，我的舍友和几位同学精心安排了整个过程，她们神奇的造梗能力让这十几分钟欢笑声不断。有那么一刻，我站在讲台上失了神，平时我很少说话，却在这时感受到了情感的交流，台下给我过生日会的同学们眼神都聚焦在讲台上，真是幸福。

我还想感谢出现在我高三记忆中的每一个人，回忆起来那么鲜活。我的班主任汪健老师会留意每一位学生，指引我们在各个阶段应该怎么做，听了她对我的剖析，我更明确地知道我的缺点和弱项；梅强老师对化学班上仅存的5个文科生十分关心，他把我们5个人叫到一起开了好多次小会，他给予

了我巨大的鼓励，让我对这门拖后腿的学科一直保有极大的热情；还有跟我一起上走班课的10班同学，他们有着理科生独有的活力，课堂上总是欢声笑语，文理拼班的日子成为我最闪亮的一段记忆。

曾经我想过，像我这样算是内向的人拥有着安静的青春，也不是一件坏事，但现在我觉得，我与凤凰木相伴的六年并不是沉寂的，我的青春因凤凰木而热烈起来，从此，花开花落也有了声音。

深中学子 | 肖泽昊

名为深中的序章

2022届高三（3）班毕业生，被中国人民大学社会科学实验班录取。

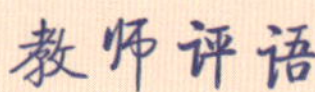

肖泽昊是才华横溢、感情丰富、内心细腻的人，也正是他对人、事、物的感知让他的文笔更为出众，更能触动人心。在我接触他的两年里，见证了他在很多方面的蜕变和成长，从繁忙、迷茫到找到自我，他勇于走出自己的舒适区，不断探索适合自己的方式，有种不服输的韧劲。他腼腆的笑容里隐藏着很强的上进心，是行重于言的践行者，他为学习、为心态背后付出的努力是很多人都无法企及的。他也有着从帮助他人中获得快乐的能力，高中三年的那些点点滴滴，相信会在他未来的生命里，以某种形式串联起来，给他带来循从本觉的自信，让他变得与众不同。

——班主任　曾雯老师

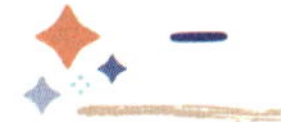

就在八月，我曾约一位朋友回老校看看，被婉言拒绝。“只是不想陷入回忆。”他在老校区度过了五年，我两年。开学时学长说“深中的生活太精彩，以至于怎么过都是浪费”，这引发了我的焦虑。我不由自主地望向别人的生活，急切地想在更短的时间内学习更多的东西，认识更多有意思的人。但我发现，我对太多东西一无所知。再到后来，迟钝的我才体会到，前辈们的这句话更多是一种蓦然回首的感叹，而非什么“痛心疾首”的忠告。其实，越是未知的开始，越是要以平和的心态面对。而当初的我急躁、患得患失，难有定力。

走进老校区，居于视野中央的是“钥匙妹”。关于钥匙，我想到颖悟、探索、进取，事物的关键。它可以是爱丽丝被兔子引诱到厅堂后发现的，一时不知道能打开哪扇门的金钥匙，也可以是解放灵魂之扉，通向真我的钥匙。我对她的完整理解是：“良质内在于我，惟尽心尽力尽意尽性事之”。“钥匙妹”背后是未来的教学楼，然后是当时的教学楼，再往后是陌生的旧宿舍。紧密排列的绿色窗户，淡红蓝条纹的白瓷砖墙，建筑里有学生们留下的生动痕迹和创意，而它本体却暗哑褪色，我只能用想象填白。

右拐顺坡而下，旧宿舍楼下是以前的小卖部。偶有值得高兴或者需要高兴的时候，我会去买罐绿茶。夏天我很少吃雪糕，因为总是忘。入学教育的时候，学长团的前辈就带领我们在这条路上集合。我对带队的学长们没有太多的了解，只觉得他们像一些可爱的精灵，总是笑着，乐意随时给学弟学妹们排忧解难。只是那时我还没有什么需要倾诉。

快放学的时候，成美楼里弦歌不辍，红色的栋体在夕阳下燃烧。

这都是些剪影，而没有连贯的故事。因为我高一其实并没有那么深入地参与到校园生活中：运动会我没有报名，因为我觉得会有体能更好的同学；机器人竞赛培训开放的时候，我犹豫了好一阵子，但还是觉得这个奖项没什么用，还会占用学习时间……

到了高二，身边的同学都通过这些活动学会了很多东西，增长了不少见识，以至于交谈时我常有“君子三年不见”的感受。这才明白，很多时候就是要把自己扔进水里，才能学会游泳。如果只是在岸上练习动作，终究不是真正的游泳。不体验初次下水的那种本能里的紧张感，就不能让自己得到锻炼。很多事情只有接触了，才能碰到真实的困难；在拼命挣扎之后，才能进一步认识自己。

那时，我继续把主要的热情放在自认为熟悉的文学上，盲信我对文字及影像的感觉，而无视先贤的理论。高一作业我总是最后做语文，因为这样哪怕没按时上交而被郭老师问责，也可以留下充裕的时间，交出自己满意的作业。如果得到意料之外的认可，我很难压抑心中暗喜，可见我原本是一个自负的人。其实文学也可以隐喻一个人内心的封闭。辩论时我喜欢打立论，认真设计论点之间的联系，和队友预想“敌人”进攻的方向。写立论稿的时候，澄清一个情况，重新敲定一个词语的意义，“教训”那些拿《新华词典》辩论的对手，但是对有经验的老手就没便宜占。这就像蜘蛛吐丝结网去捕捉猎物，总得想办法待在自己的罗网中，否则就很麻烦——蜘蛛不是很潇洒的动物。

大概第一个学期只是熟悉这个校园，那时候，我隐约感觉到自己身上的问题。我不能再像一只无头苍蝇一样撞下去。我开始计划减免不必要的活动，定期去图书馆阅读，尝试培植自己还很薄弱的数理基础。

但是后来，由于疫情居家学习，一天的时间都被交给电脑，虽然就在自己家里，但总觉得时间安排不如学校那么自由；通用课程光是下载应用就花了不少功夫，也跟不上老师的进度；作业总是写不完，上传作业又很麻烦，我总是为了评分苦恼。我思绪愈发凌乱，渐渐只会跟着老师的任务走，懒得主动思考，只是得过且过。

返校后不久就高二了，没有期末考。我总觉得，深中的第一年就像跟我开了个玩笑，还没来得及认识班上的很多人。虽然我也发脾气，为什么那么凉快还开那么冷的空调，窗帘为什么总是拉上，搞得教室就像个冰冷幽暗的大仓库。然而，高一课题研究小组大家都很积极，是三年中合作得最顺利的，我们班还在运动会上拿了总分第二名——我们还可以经历更多事情，但高一结束得太仓促。

燥热的七月里，我回新校区取团员档案。进门两侧复道行空，正面是主栋巍峨。知了声像海浪一样起伏，在电影里，这样的氛围总是会引到回忆。偶遇三两熟人，有的只是远远打声招呼。向左走过赋新楼，六楼音乐教室里的钢琴自己弹过也听别人弹过。在那间教室，我第一次认真欣赏朋友拉小提琴。

过去的自己很陌生，回想起来总是很累。我知道这是因为我变了，但我为什么会变？

操场上蒸腾的热气扭曲着视野里的空间，在上面我不知跑了多少圈。

我高中生活的主线是最循规蹈矩的高考的路，就像这跑道。跑入高二，开始的时候热情满满，然后有点懈怠，但重整旗鼓之后，便逐渐习惯其中的节奏。途中我会不安分，觉得做的事情太平庸，但每次努力尝试走走其他的路，最终还是得绕回这个圈来。想在学习之余健身，但效果很微妙，只是调剂了学习的压力。在这里跑完圈之后，我不时会去攀岩。有一次几乎登了顶，我欣喜若狂，接下来的几天都是轻飘飘的。

“我觉得王朔的文字酷就酷在，他只是原原本本把事情说出来，不会涂脂抹粉、冠冕堂皇。”

“你说的很对。数学就是如此。所以数学是世界上最酷的语言。”

这是升到高三后我和朋友的一次闲聊。这之后，每当我这个门外汉被问到“数学是什么”这个棘手的问题，我都会用这个回答搪塞过去。

高三的生活紧凑、充实，明确的目标感带来一种别样的安稳，但也有堕入庸碌之危险。在此要感谢所有一路上不断鞭策、指引、激励我的师友们。迫于篇幅，我无法面面俱到，或是对某些人展开回忆。

我觉得这个学校最特别的一个地方，就是这些有趣的老师和同学。老师不是高高在上，而是亦师亦友，大多有着负责任的态度和能融入同学的平常心。不同老师的教学风格可能迥异。至于同学，有的人专注，谦虚，令人尊敬；有的人含蓄，不盲从，对事情有独到的见解……或全身心参与到现实生活中，或有着纯净辽阔的内心世界。只要我们放下偶然产生的偏见，去真诚地交流，就会发现每个人都有意思，都很可爱。

在深中校园，我们可以无忧无虑地只是度过每一天，可以去探究学问的奥秘，也可以在云端俯瞰世间，不管视力好不好。但无论如何，正如三岛由纪夫所说："蔑视人生，正是少年的特权"。回想起来，深中的生活或许是我目前离雅典学园最近的一次。我还需要更多的时间，去观察这段经历对我的影响，也许它还只是一套变奏曲才刚刚奏完咏叹调。

我所感受到的是，在深中，我们倾向于为了向他人学习、受好的品德熏染，又或者只是因为刚好遇见而成为朋友，是互不依附的自由人，为了成为更好的自己前行。对有些人来说，这样纯粹的环境可能再也不会有了。

直到最后，我还是我自己，没有变成别的什么人。所谓变化，只是我经历了更多事情，并有幸遇见了这样的你们。而在深中以外的地方，我不可能会有这样的变化。

毕业匆匆，许多感情还要慢慢发酵。但我明白，过往皆为序章。

深中学子 | 徐蔚晴

写给自己的一封情书

2022届高三（17）班毕业生，被武汉大学法学院录取。

教师评语

英语口语考试前，给你拍了一张你在路灯下大声说英语的照片，黑乎乎的背景，而你坐在石凳上的背影却是光亮的。那个全力以赴、坚毅勇往的背影刻入我的脑海。你温和而不多言，低调不张扬却坚定果敢。一个文静的女孩用刻苦、自律诠释了内心强大的力量。高三生活是重复与紧张的，你却能感受到夕阳与读书的乐趣，于起伏的排名里还能被日常细节感动。高三被你的温柔和坚韧点亮，灿烂成美好的回忆。用认认真真的态度，过随遇而安的生活，让遗憾，随风散去，美好，留在心底。像你的名字，充满活力，充满阳光，心若向阳，无畏悲伤。

——班主任　汪健老师

如何用言语去描绘在深中的这三年？看着等待用洋洋洒洒的文字去填充的空白文档，我突然想到，三年前的我便如这么一张白纸，而深中，赋予了我最大的自由去填充属于自己青春的色彩，也给予了我最大的勇气去留下大片的空白等待未来的灵感。

与大多数初中就将深中当作目标的同学不同，我曾认为深中就像一个梦，是一个我可以偷偷放在志愿第一位却不敢跟朋友们分享的梦。但当我在深中街18号被路灯点亮的夜晚，随着喧嚷的人群挤进力行楼三层的篮球馆听新生宣讲会时，我抬头看到深中校徽被挂在大屏幕上方，新校区的3D宣传片被一遍又一遍播放，身边一张张跟我一样懵懂却又强装镇定的面庞也难掩兴奋，“成为深中人”的念头才真正落了下来，原来，我真的进入了一场梦。

博雅记忆

入读博雅，是一次料得到开头却猜不到结尾的体验。

可乐学长和蜗蜗学姐都是非常温暖的人，让我感受到了一届又一届的传承与关爱。在入学体验时，坐在教室后面背着黑色包包的班主任飞飞被当成了同学：作为飞飞的第一届学生，我们小十四迅速地拉近了距离。但同时，跟周围的同学一打听，认认真真写了申请书加入博雅班的同学不超过20个，还有许多同学是在收到短信后才下定决心入读的，加上级长在开学典礼上说的“只进不出”更是让我们24个人的小班级备感压力，却也让我们更加团结了。

耻感与荣誉感总是紧紧地联系在一起，这一点在每周考完曾劲松老师出的卷子时体现得尤其明显。到现在我还深深地记得拿到29分的卷子快要惊掉的下巴和听到隔壁竞赛班平均分近90不敢置信的耳朵。期中考试，我们班的数学平均分是全年级倒数第一，曾老师给我们灌了浓浓的鸡汤，让本该情绪低落的我们一次次笑出了声。“小白条”则是刻在每个博雅人DNA里的痛，不超过五道题，却总让我们挠破头皮写上一整节晚自习，对答案的时候总是要站着看好久，因为看不懂……

除了痛感外，我们也分享彼此的欢乐。在一个不起眼的周五，我们全班加上几个科任老师一起坐上了去往泉州的高铁，走下车的那一刻，凛冽的冷风席卷我的全身，我们几乎同时大喊了一声“啊”，出逃在那一刻才真正有了实感。漫步在古镇的老巷子里，穿梭在三教的建筑之间，我们的笑声也留在了那一片静谧的时光里。

下学期因为疫情，经历了漫长的居家学习，返校不久，期末考试也取消了，一切都如走花灯一般，高一也就渐渐拉下了帷幕。

泥岗一梦

高二是如梦似幻的一年，搬进了新建成的校区，加入了新的同学，迎来了新的老师们。作为既无社团活动，又非竞赛“大神”的我，在普通的学习生活中体验着每一天的小确幸，对身边同学的精彩感同身受。比如为了分发实践课题跑遍了高一的楼层，和同桌一点点尝遍各个食堂的美味，甚至还与高一的同学一起进行了一次“炼铜”之旅，在烧烤的炭火中听男生们高唱国际歌。在宿舍里，有两个同学是辩论社的高层，一个是街舞社的副社长，看着她们成长为独当一面的学姐，我也仿佛走过了如此闪烁的一年。我们有过彻夜的畅谈，也常常进清水河街道聚餐，互相督促着起床学习，扶持着，就这么互相陪伴。

但我最常度过的地方还是图书馆，占据我生活的绝大部分还是学习。选择全文之后，每天书写的文字量剧增，但知识都是崭新而有趣的。晓丹老师每天的课前演讲和课堂上分享的故事总是令人期待不已，Donna用最负责的态度和最“美丽”的课堂“敲打”着我们，波波总温柔地鼓励我的数学“一定会有起色的”！我最喜欢半懂不懂的地理，虽然分数总是大起大落。我有时以为神不知鬼不觉的打瞌睡，也会被美女老师Even捕捉。因为揪心着忽上忽下的排名，时常会和同桌在教室熄灯前才离开，但我们马上又会忘记习题，在风雨桥上一人一只耳机嬉笑打闹着走进宿舍，等待进入甜甜的梦乡。

奋战老校

高三，再回首仍然觉得这是一段闪耀着的时光，因成绩而起伏着的心情，疲惫时与好友的谈心难忘，早起或准备上晚自习时不经意的一瞥便能让人驻足的壮美日出/晚霞，老师的谆谆教导还回响在耳旁。当然，记忆中最深刻的，还是埋着脑袋翻着习题试卷、与自己奋战的无数个晚自习，耳边都是唰唰的笔声或翻书声，一坐就是两个小时。

直到返校一模的成绩出来后，我才真正感受到了紧迫感，100天不到的日子里，连接的考试和持续下滑的成绩让我十分焦虑，只能不断投入更多的时间，效率却难见提高。不知道是不是老天爷在考验我，二模时我运气爆棚，拿到了全市第二。虽然朋友们都纷纷祝贺我，但我却没有苦尽甘来的雀跃，反而像是飘在空中——虚荣的一面将我托起，冷静客观的一面又无法脚踏实地。这期间我应答了级长的询问，在成人礼上发表讲话。为了写好稿子，我连着两三天在晚自习的夜晚跑到五楼去找汪总批改文章，为了赶截止日期还熬到凌晨三点。当那天我迎着夕阳离开学校时，觉得一切似乎都美好得过头了。按照小说的情节，到这里主人公接下来应该“大杀四方”，在高考考场上考出绝佳的成绩。但是人生之所以是人生而非小说，那就是它只朝着最合理的方向发展。

什么是最合理的发展呢？那就是周末不好好复习，没有办法戒掉手机瘾，努力着努力着就会自我感动、劝说自己休息的我，并不会在接下来的两周自主复习有如神助打通任督二脉，也不会在高考考场上做到曾经似曾相识的题目，而是在深知语文、数学已经无法挽回时，默念一切都会过去，然后再次打起精神投入高考。

故事的结尾没有预想的欢呼，没有希冀的走运，我拿到了一个不痛不痒的分数。遗憾也有，悔恨也有，倘若重来一次也会明白应该一刻也不能放松，但你若问我爱不爱高三这一年，我还是愿意用力地点头。靠着打羽毛球和一日三餐充满希望，每天最期待的就是汇文的历史课，偶尔会听启子放《冬天，别忘了到海边走走》，听着汪总的教诲就不住地点头，感恩Susan手把手教我听力和作文，也常常搬个小板凳听Even分析地理试卷，不久又会再去找一遍……再不完满的句点也是句点，为了流过泪、洒过汗的我们，我想除了用高考成绩来界定我们的努力之外，别忘了摸摸我们的内心，在这一年我们是不是也成长了、收获了，如果有，那就别害怕前方，收拾好行囊继续上路吧。

情书永存

在深中，有段话已经被说烂了："深中的生活太精彩，以至于怎么过都是浪费。"但回过头来看，的确十分贴切。即使是没有特长、没有社团、没有运动细胞、没有"大神"头脑的我误打误撞进了深中，却也在日子流过的缝隙间找到了热爱。志同道合的朋友，"功力深厚"的老师，自由包容、鼓励多元的环境，因为他人的光环或故事而被激励的无数个瞬间，我从一摊扶不上墙的泥变成了努力爬上墙的泥，想要为这个世界堆砌一些什么。

王菲在《给自己的情书》里唱道：开心的东西要专心记起。考入深中，就像是给自己写了一封情书。从入学体验100天后给自己的信，到高一写给高二的自己，再到高二写给毕业前的自己，在一次次的回顾中发现自己又长大了一点点，也能够给予别人快乐，会收到挚友们的几页信纸，也会收到老师们亲切的叮嘱和父母的关切。在一千多个日夜里，我于深中，这所充满朝气与理想的学校，写下了一封情书送给自己，放在靠近心脏的口袋里，提醒自己在人生的长路中别忘了这段开心的旅程，别忘了习得的理想与真诚，有一分热，发一分光。

深中学子｜谭　斌

深中三年

2022届高三（17）班毕业生，被中山大学旅游管理学院录取。

教师评语

在晚会上，你抱着吉他激情演唱的样子与平常羞涩的你差别多大呀！原来你内心有一个五彩的世界，那里有美食、美地、李荣浩、八块腹肌和动漫。平常性格内向，不善言语，没有太多的表情，然而在封校期间，汇演时的一把吉他，每晚在操场上的奔跑冲刺，让我们见识到你的激情、你的张扬。你把高三当作高一高二的延续，按部就班，得过且过，但当你把手机上交时，我被惊讶到了。随着学习的投入，成绩的提高，那个慢吞吞的男孩找回生活中的目标，不断用刻苦去冲刺，果然不负众望！祝你不负韶华，一路前行！

——班主任　汪健老师

一、与深中的相识

还记得2019年的1月，主题为“今朝有九”的游园会正在深中如火如荼地进行着，以我姐姐的社团为契机，我有幸参加了深中这一年一度的重大活动。摊位上琳琅满目的商品将我吸引，深中学子的热情开朗让我印象深刻，在那时我便立志要考上深中，成为深中大家庭的一员。

二、与深中的约会

2019年的7月，我收到深圳中学的录取通知书，激动得手舞足蹈。一想到即将开启深中三年的美好生活，我竟有一种恍然如梦的感觉。

学长学姐篇

还记得开学的第一天，我怀着满腔的喜悦，踏进了深圳中学的校门，学长学姐在大门口一遍遍说着“学弟学妹好，请往这边走”的情景依然历历在目。在短暂的为期三天的入学教育活动中，学长学姐的热心帮助和一系列丰富有趣的破冰活动让我们小十二逐渐地熟悉起来。

其实不仅仅是入学教育，在开学之后，学长学姐也经常串门，带来关切与问候。在我生日的那一天，还收到了泡芙学姐和冰皮学长精心准备的生日贺卡，这令我深受感动。都说深圳中学的学长团是深中的一大亮点，在高中的第一年，我就深刻理解了这句话的含义。

学习篇

高一的学习生活对我来说是充满困难的。初中的成功经验使我把学习这件事情想得十分轻松，认为考取好成绩是非常容易的，错误的心态让我对学习心不在焉，上课听讲也变得效率低下，再加上性格内向，不喜欢向老师提问，终于我自食其果——得到了一份极不理想的期中成绩。“大佬”云集的小十二、巨大的成绩差距让我备受打击，尤其是物理与数学陡增的难度让我措手不及，成绩一度垫底，使我心灰意冷。班主任刘聪老师十分敏锐地注意到了我学习上的问题，他多次与我面对面谈心，传授学习的方法，帮助我改变心态，这让我的心情得到了很大的转变：既然已经垫底了，那就说明还有许多上升空间，为何不加把劲努力向上攀登？在转变了心态、改变了方法后，在高一的期末考试中我的排名上升了200名左右，虽然不是很高，但这也让我信心倍增。

高二面临分科，经过高一一年的学习生活后，我充分认识到了物理上的短板——基本没有及格过，再加上我本身对历史的兴趣，就毅然选择了历史方向，分到了高二（16）班。

初入16班时，班上认识的人屈指可数，这让内向的我无所适从，一心只想着快点上完高二，赶快分班再分到熟悉的班级里。但是出乎意料的是，在与16班同学相处的过程中我并没有感到任何的不适应，深中学子的热情、体贴再次让我深受感动：在看到我独自一人的时候，许多同学都会主动来找我聊天，向我分享他们生活与学习上的经历。这让我渐渐融入了这个集体，也认识了更多的新同学，外向幽默的叶立基、吴佳仪，帅气优秀的足球运动员吴亚伦、孔科谋、丁东硕，帅气的舞蹈生陈宇辰、刘子谦，歌唱专业的廖梓含、刘芸菲、万雨涵，等等，融洽热情的氛围让我的学习也保持在了一个相对不错的水平，基本稳定在年级30名左右。

高三的分班考我发挥相对稳定，有幸分到了文科重点班。又是新的同学、新的环境，但是与初入高二相反，这次我迅速融入了新集体，不料却出现了另一个棘手的问题——高三的学习。高二的暑假只有短短的两周，这让我十分失落，伴随着短暂假期而来的还有堆积成山的假期作业，压得我喘不过气来。

深中的高一高二对比高三来说，压力要小太多，高一高二各种各样的社团活动、实践活动让你流连忘返、乐在其中。但是高三不一样，暑假的下马威让我惊慌失措，让我对即将到来的高三生活感到恐惧，一想到一周六天的学习时间与成套成套的试卷，我就感到害怕。正式开学以后，我终于知道了什么叫作高三：首先是长达3个半小时的晚自习，我对这样长时间的晚自习感到手足无措，不清楚到底应该干些什么，除了写作业以外没有自己的规划；其次是成堆的试卷与考试，成绩的排名一次又一次冲击着我脆弱的神经，不知道自己的未来究竟如何……高三生活带给我巨大的压力，这让我的学习状态又开始下滑，上课睡觉、晚自习走神是常态，有时连作业都完不成，学习效率极其低下，我的成绩一度排在年级40名开外。最严重的问题是我对手机的依赖，每天中午与晚自习之后，我基本都在刷手机：逛逛B站、看看游戏视频。沉迷于手机让我长时间得不到充足的休息，睡眠质量低下，大大影响学习效率……

高三生活的转变是班主任汪健老师与我的一次谈话。还记得那天早读的时候，汪健老师找我出去谈话，对我的学习状态与成绩表示十分担忧，鼓励我把手机交上去，每周末回家再还给我。我终于认识到了自己身上存在的问题，也想要做出改变，想要考出好成绩。这次的谈话，让我坚定了自己的信念：一定要认真学习，不再沉迷于手机和电脑游戏！在之后的学习生活中，我逐渐体会到了高三生活的魅力，高三其实并不只是枯燥的学习和成堆的试卷，高三的生活是汗水与努力的交织，是同学之间的相互扶持、相互帮助和共同进步。在周围“大佬”们的熏陶下，我认真对自己的学习做了详细的计划，对各种不懂的问题积极找成绩好的同学询问，以前从不做笔记的我也学着有模有样地做了整齐的笔记整理。这些点点滴滴的积累，同学和老师的细心帮助，共同构成了我辛苦而又充实的高三生活。在这里我也想告诉学弟学妹们，高三生活一定要静下心来，认真学习，细细品味其中的酸甜苦辣！

如今回首高中三年，无疑是充满汗水却又快乐幸福的。深中人总说，深中的生活太精彩，以至于怎么过都是浪费。确实如此，在深中学习生活的日子，总归是留有遗憾的。游园会、社团活动、多才多艺的同学、愉快的学习氛围和优秀负责的老师，都让我难以忘怀。至于那些我未曾体验的校园生活，希望学弟学妹们能够有所体验。

最后，要感谢高中三年陪我一起走过来的同学与老师，希望每一个深中学子都能在这里为自己的高中生活画上一个精彩的惊叹号！

图书在版编目（CIP）数据

走进著名大学：深圳中学学子成长足迹．2022 / 深圳中学组编．-- 北京：中国人民大学出版社，2024.4
ISBN 978-7-300-32424-1

Ⅰ．①走… Ⅱ．①深… Ⅲ．①中学生-学生生活-文集 Ⅳ．①G635.5-53

中国国家版本馆CIP数据核字（2023）第248513号

走进著名大学：深圳中学学子成长足迹（2022）

组编　深圳中学

Zoujin Zhuming Daxue：Shenzhen Zhongxue Xuezi Chengzhang Zuji（2022）

出版发行	中国人民大学出版社		
社　　址	北京中关村大街 31 号	**邮政编码**	100080
电　　话	010-62511242（总编室）		010-62511770（质管部）
	010-82501766（邮购部）		010-62514148（门市部）
	010-62515195（发行公司）		010-62515275（盗版举报）
网　　址	http：//www. crup. com. cn		
经　　销	新华书店		
印　　刷	北京瑞禾彩色印刷有限公司		
规　　格	787mm × 1092mm　1/16	**版　　次**	2024 年 4 月第 1 版
印　　张	15.25	**印　　次**	2024 年 10 月第 2 次印刷
字　　数	236 000	**定　　价**	62.00 元